JN076951

世界最先端の研究が教える新事実

対人心理学 BEST100

内藤誼人

NAITOH YOSHIHITO

SOGO HOREI PUBLISHING CO., LTD

まえがき

みなさんは対人心理学と聞くとどんなイメージを持たれるでしょうか？

初めて耳にしたという方も多いのではないでしょうか？　心理学は知っているけど、対人心理学は知らないという方も多いと思います。

心理学にはさまざまな分野がありますが、対人心理学では、私たちが他の人と一緒にいるときにどのように感じるのか、どのような行動をとるのかを調べる学問です。

集団や社会の中で個人が何を感じ、他の人との関係がどう築かれていくのかを主な研究としています。一般的には社会心理学とも呼ばれています。

つまり、社会（職場や学校など）で生きている私たちにとって対人心理学ほど日常に密接している学問はありません。

私たちは一人では絶対にしないことでも、集団になると平気でやってしまうことがあります。たとえば、いじめなどは典型的な例です。個人では「いい人」であっても、集団になると途端に「イヤな奴」になったりします。人間は集団になると心の状態が変化するのです。

社会で人との関わりは、私たちは絶対に避けては通れません。私たちにとって社会を上手に生きていくための学問が対人心理学なのです。

本書は、対人心理学を身近に感じてもらい、みなさんに「これは面白そうだ！」「こんなこと知らなかった！」と心理学に興味を持ってほしいと思い、数多くある研究の中から私が独断で面白い研究を100個厳選しました。

よくある対人心理学の本は、教科書的で説明が多く、あまり面白いものではありません。対人心理学は心理学の中でも、とても幅が広い学問で、面白い研究が無数にあります。対人心理学では、仕事、学校、家族、恋人、結婚、スポーツ、政治、環境、法律、などありとあらゆることを研究の対象にしてしまいます。本書は、専門知識などは特に必要ないので気軽に読み進めてください。

対人心理学を少しでも学ぶと、世の中の見え方が180度変わってくるはずです。では、本書で取り上げている研究の一部を紹介しておきましょう。

○コスプレや被り物をしていると、非人間的なことでも平気でしてしまう
○寂しいときにSNSを始めると、もっと孤独を感じてしまう
○普通の人でも、集団になると残虐になってしまう
○失業率が増えたり、経済が悪くなったり、社会的不安が高まると「占い」が流行る

○お互いに共通の人を嫌っていると、その人とすぐに仲良くなれる
○お金持ちやキレイな奥さんがいる人が不幸な目に遭っていると嬉しい
○夜が深まれば深まるほど女性は魅力的に見えてくる
○男性がチラ見をしてしまうのには理由がある
○男性はエッチだと思われたくて、女性はエッチだと思われたくない

どうでしょうか？　私たちにとても身近でなんだか面白そうだと思いませんか？

少しでも面白そう、役に立ちそうと思っていただけたなら、このまま本書を読み進めてください。きっと読者のみなさんを満足させられると思います。飽きることなく最後までお読みいただけること間違いありません。

学問的に順序立ってはいないかもしれませんが、それでも思わず誰かに話したくなってしまうような内容になっていることは間違いありません。

本書を通して、対人心理学という学問の奥深さを味わいましょう。それでは最後までよろしくお付き合いください。

世界最先端の研究が教える新事実

対人心理学BEST100

CONTENTS

第1章

社会と心理学研究

第2章

集団・組織と心理学研究

第3章

職場における心理学研究

第4章

他者・対人関係の心理学研究

第5章

男と女の心理学研究

本文デザイン　別府拓（Q.design）
イラスト　ぷーたく
DTP・図表　横内俊彦
校正　髙橋宏昌

第1章

社会と心理学研究

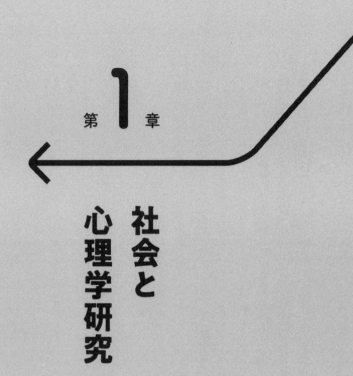

1　本当に都会の人は冷たいのか？

都会の人は、一般的に「冷たい」といわれています。その反対に、田舎の人は「温かい」といわれています。これはいったいどうしてなのでしょうか。

本当のところ、**都会の人がみんな冷たいというわけではありません。冷たく振る舞ってしまう理由は、都会だと「人が多過ぎる」から**なのです。決して、都会の人が冷血漢《れいけつかん》ばかり、というわけではありません。彼らだって、田舎の人と同じくらい温かな心は持っているのです。

ではなぜ、人が多過ぎると人は不親切になってしまうのでしょうか。

その理由は、「わざわざ自分が助けなくとも、他の人が助けるに違いない」と考えてしまうからなのです。**都会であれば、自分以外にもたくさんの人がいるわけで、その中の誰かが助けるだろうから、自分が援助することもないだろうと思ってしまうのです。これを〝責任の拡散現象〟といいます。**

田舎では、そもそも人があまりいませんから、困っている人を見かけたら自分が助けてあげないと、その人は助からないかもしれません。素知らぬフリをして通り過ぎてその人が死んでしまったりしたら、すべての責任が自分一人にかかってきます。「見殺しにする」というのは気分が悪いことですから、田舎の人は、偶然にその場に居合わせた責任を取って助けるのです。

米国カリフォルニア州立大学のポール・スコルニックは、ロサンゼルスの交通量が多い道路と、田舎道で車があまり通らない道路の両方で、男性、または女性アシスタントが路肩に車を止めて、援助を求めるという実験をしたことがあります。その結果、交通量の多い所では、助けてもらうまでに23・49台が通り過ぎましたが、田舎道では助けてもらうまでに、2・56台しか通り過ぎませんでした。この結果だけからすると、「やっぱり都会の人は冷たいんだなあ」と思うかもしれません。けれども、そうとはいえません。

スコルニックは時間帯を変えて同様の実験をしていました。午後2時から4時までと、午後8時から10時までです。

すると、午後8時から10時では、都会でも助けてくれる人が多くなることがわかったのです。夜になると当然交通量が少なくなってくるので、そういう状況でなら、都会の人も困っている人を助けるのです。「自分が助けてあげないと困るだろう」という責任を感じるからです。

夜が更けてきて、ほかに誰もいない状況、すなわち責任の拡散が生じないときなら、都会の人も助けるのです。田舎から都会に出てきたばかりの人は、「都会の人は冷たい」というイメージを持っていて、いろいろと心配になるかもしれませんが、そんなに心配しなくても大丈夫です。都会の人だって、田舎の人と同じくらい親切な心はちゃんと持っているのです。

2 社会的孤立が広がっているのは日本だけ？

「孤独死」という言葉があります。独りきりで、誰に看取《みと》られることもなく、寂しく死んでいくというニュアンスがこの言葉にはあります。田舎のコミュニティでは、どんどん人が減っていき、孤立した生活者が増えているそうです。

では、東京のような大都会なら孤独を感じないかというと、そんなこともなくて、社会的に孤立していると感じている人は少なくありません。こういう現象をニュースで見聞きしたりすると、「なんだか日本は、どんどん孤立が広がっているみたいだな……」と思われるかもしれません。けれども、外国のデータに目を転じてみると、**社会的な孤立が広がっているのは日本だけではない**ということがわかります。そう思うと、ちょっとだけ安心できませんか。

米国アリゾナ大学のミラー・マクファーソンは、「アメリカにおける社会的な孤立」という論文を発表しています。米国では、代表的な国民のサンプルを集めた、ジェネラル・ソシアル・サーベイ（GSS）という大規模な調査が行われています。1985年と2004年のGSSのデータを使って、約20年間でどれくらい孤立した人が増えているのかをマクファーソンは分析してみました。

「あなたには、大切なことを話す人が何人くらいいますか?」という質問に対して、1985年には、平均2・94人という答えが返ってきました。ところが2004年の調査では、これが平均2・08人へと減っていました。

また、「大切なことは誰にも話さない」という人は、1985年にはわずかに10・0%で、「1人にだけ話す」という人が15・0%でした。ところが、2005年には、「誰にも話さない」が24・6%と大きく増加し、「1人にだけ話す」も19・0%に増えていました。

アメリカ人というと頻繁にパーティーをするといったように社交的なイメージがありますが、わずか20年間ほどで大きく変化しているようです。日本と同じように、自分一人の世界に引きこもって他人とはできるだけ付き合わない、という人がじわじわと増えているのです。

「最近の日本人は、みんな自分一人で好き勝手に生きていて、孤立している」ということを懸念している人がいるかもしれません。これでは社会やコミュニティが成り立たなくなってしまう、と本気で心配している研究者もいます。

けれども、**孤立している人が増えているのは、特に日本でだけ起きていることなのではなくて、アメリカでもそうなのです。ひょっとすると、先進国ではどこでもこういう現象が見られるのかもしれません。**

第１章　社会と心理学研究

3 評判がいいと、なんとなく「いい」と感じる

音楽の世界とはまったく無縁の私のような人間でも、バイオリンの最高峰といえば「ストラディバリウス」という名前くらいは知っています。逆にいうと、相当にお値段が高いということくらいしか知りません。では、プロのバイオリニストたちから見たら、どうなのでしょうか。やはり、ストラディバリウスの音色は、他のバイオリンとは比べものにならないほどの音色なのでしょうか。それとも、ただなんとなく歴史家や批評家たちが「いい」と言っているので、自分も「いい」と思い込んでいるだけなのでしょうか。

これを検証したのが、フランスにあるパリ大学のクローディア・フリッツです。フリッツは、米国インディアナポリス国際ヴァイオリン・コンクールに出場していた、プロのバイオリニスト21人に声をかけ、「ストラディバリウスを弾いてみませんか」と持ちかけました。当然、声をかけられたプロたちは、名器の演奏ができるということで、喜んで参加してくれました。ただし、フリッツは条件を付けました。ひとつは、目隠しをして演奏してもらうこと。もうひとつは、ストラディバリウスだけでなく、高品質とされる最新のバイオリン3丁《ちょう》と、伝統的に品

質の高さが保証されていて、ストラディバリウスと並ぶグァルネリ・デル・ジェス２丁も併せて演奏してもらうこと。つまり、最新型のバイオリン３丁、歴史のあるバイオリン３丁を演奏してもらったのです。なお、演奏してもらうときには、バイオリン自体の匂いで区別できないよう、あご当てには同じ香りを付けさせてもらいました。さて、６丁のバイオリンを演奏してもらったところで、どのバイオリンの音色が最もお気に召したのかを教えてもらうと、なんとプロのバイオリニストの一番人気は、ストラディバリウスではなく、最新型のバイオリンだったのです。最も好まれなかったのがストラディバリウスであったという、結果になったのです。

ほとんどのプロは、新しいバイオリンなのか、古いバイオリンなのかさえ区別することもできず、しかも音色は最新型のバイオリンのほうが好まれたのです。

この結果をもとに、フリッツは、ストラディバリウスの異常な高値のせいで、「ストラディバリウスの音色はいい」というバイアスがかかっているだけだろうと結論しています。

私たちは、他の人たちが、こぞって「いい」と褒め称えていると、なんとなく自分もそんなふうに感じてしまうものです。いわゆる同調です。みんなが「いい」と言っていても、本当に「いい」と感じるかどうかはわかりません。ひょっとすると、みんなにだまされているだけで、本当は「いい」と思えない、ということがいくらでもあるのではないでしょうか。

ベストセラーの本も、人気の映画も、人気のアーティストの曲も、実際にはみんなが「いい」と声を揃えて称賛するほど、「いい」ものかどうかはきわめて疑問です。

4 あなたは家事をどれくらいしていますか？

私たちは、自分がやっていることはよく覚えています。何しろ、自分自身がやっていることなのですから。逆に他人がやっていることは、あまりよく覚えていません。

夫婦に対して、「あなたは家事全体のうち、何％くらいを自分がやっていると思いますか？」と質問すると、夫も妻も「自分がたくさんやっている」と答えるので、その数値の合計は100％を超えてしまうことが知られています。**私たちは、自分がたくさんやらされていると感じやすい**のです。

カナダにあるウォータールー大学のマイケル・ロスは、何十組かの夫婦に、20の活動リストを見せました。リストには、「朝食を作る」「皿を洗う」「家の掃除をする」「買い物をする」「子どもの面倒を見る」などと書かれていました。それぞれのリスト項目に対し、どれくらい自分がやっていると思うか、またパートナーはどれくらいやってくれていると思うかを推測させたのです。

その結果、20のうち16の活動で、「自分のほうがたくさんやっている」と答えていることがわかりました。80%の活動で、自分がやっていることを多く見積もっているということです。

この理由について、ロスは「自分がやっていることはすぐに頭に思い浮かぶからであろう」と解釈しています。自分がやった事例についてはすぐに頭に思い浮かぶので、それだけたくさん自分がやっているのだと考えやすいのです。そして相手がやった事例はそんなに頭に思い浮かばないので、「自分ばかりがやっている」と感じてしまうのです。


私が自宅のトイレを使おうとすると、なぜかトイレットペーパーがなくなっていることが多いのです。そのため、私ばかりが、芯を外して新しいトイレットペーパーをセットしているような気がしていました。「気がしていた」というのは、妻も私とまったく同じようなことを思っていたからです。私が何気なく、「トイレットペーパーの交換は、なんだか俺ばかりがやっているような気がするな」と口にしたところ、「えっ、絶対に私のほうが多いと思うけど」という返事が返ってきたのです。

ようするに、お互いに「自分のほうがたくさんやらされている」と感じていたのです。

私たちは、自分ばかりがソンな後回りをしていると感じやすいものですが、それはまったくの誤解に過ぎません。現実には、他の人もみなさんと同じようなことをしてくれているわけで、自分では気がつかないだけです。自分ばかりが一方的にソンをしている、ということは通常ありません。

5 私たちは周囲の人を見て行動する

私たちは、自分がどのような行動をとるのかを自分自身で決めているわけではありません。「えっ、自分のことなんだから、自分で決めているのでは？」と思われるかもしれません。そういうケースもあるでしょう。けれども、**ほとんどの場合においては、私たちは〝周囲の人たち〟を見て、自分の行動を決めています。**

つまり、周囲の人とはなるべく外れないように行動するのが一般的なのです。

ルールを守るかどうかも同じで、自分で判断しているわけではありません。周囲の人がルールを守っていれば、やはり自分も守らなければならないな、という気分になりますし、周囲の人がズルをしていれば、自分だけルールを守っているのもバカらしいと感じますから、ルールにはあまり従わなくなります。身近なケースで考えてみましょう。

読者のみなさんは、歩いているときにきちんと信号を守っていますか。赤信号では、きちんと止まっているでしょうか。片側だけで何車線もあるような大きな交差点では、しっかりとルールを守るかもしれません。何しろ、自分の生命に危険があります。

では、ものすごく狭い道路で、しかもほとんど自動車など走らない道路ではどうでしょう。

信号が青になるのをきちんと待つでしょうか。それとも、赤信号でもホイホイと渡っていますか。おそらく、こういう状況では、他の人がどうしているかによって自分の行動を決めていると思います。周囲の人がきちんと守っていれば、みなさんも赤信号を渡ったりはしませんし、みんなが普通に赤信号を渡っているのを見れば、ためらうことなく信号無視をするのではないかと心理学的には予想されます。

アメリカのシラクーゼ大学のブライアン・ミューレンは、のべ2万3860人の歩行者による信号無視を調べてみましたが、しっかり守っている人が隣にいるときには16・5％しか信号無視をしていないことがわかりました。ところが、他の人が先に道路を渡り始めると、44・1％が信号無視をしてしまうことがわかったのです。他の人がやっていると、いきなり2倍以上も信号無視は増えるのです。

性格的にきちんとした人で、道徳的な規律を重んじ、社会の法律をしっかり守るような人でも、他の人がルール違反をしていたら、どうでしょうか。やはり、自分もルール違反を真似てしまうだろうと思います。それが人間というものです。

よほどの道徳心を持っている人であれば、すべてのルールをしっかり守るのでしょうけど、たいていの人は、そこまでの道徳心を持ち合わせていません。他の人がルールを守っていなければ、自分も守らなくなってしまうものなのです。

6 SNSは孤独感を強める

ソーシャルネットワーキングサービス（SNS）を使えば、いともたやすく友だちを増やすことができます。驚くほど簡単です。人間は一人では生きていけません。孤独感や、寂しさを感じている人にとっては、容易に友だちを増やせるのですから、まさに願ったりかなったりのサービスだといえなくもありません。ところが、容易に友だちを増やすことはたしかに可能ではあるものの、それによって寂しさがなくなるのかというと、こちらはどうも違うようです。むしろ、寂しさは逆に募ってしまうのです。

米国ピッツバーグ大学のブライアン・プリマックは、19歳から32歳までの全米調査で、11個のSNSについて調べました。その結果、**SNS（フェイスブック、エックス、インスタグラムなど）をやっている人ほど、社会的孤立を「感じやすい」ということを明らかに**しています。SNSは、孤独感を和らげるどころか、むしろ強めてしまうのです。

「寂しいからSNSでもやろうかな」というのは、まったく逆の結果になってしまうことを知っておかなければなりません。

海で漂流したときには、どんなにのどが渇いても、海の水を飲んではいけないといわれています。海水浴を飲むと余計にのどが渇いて、死ぬのを早めてしまうからです。ＳＮＳも同じで、寂しいからといって安易に頼ってしまうのは考えものです。余計に寂しくなってしまうという、泣きっ面にハチの思いをすることになります。

なぜ、ＳＮＳをやると寂しさが強まるのかというと、自分の知り合いについて、簡単に調べることができるからです。

「友だちの○○ちゃんは、いっぱい友だちがいるんだなあ。それに比べて私は……」という具合に、知り合いとわが身を比較して、どんどんネガティブな方向に落ち込んでいくのです。

ＳＮＳをやらなければ、他の人が、どれくらい友だちがいるのか、週末に何をしているのか、今楽しいことをやっているかどうかなど、何ひとつわかりません。この「わからない」というところがポイントで、他の人のやっていることをそもそも知らなければ、自分と比較して落ち込むこともないのです。

私も、ＳＮＳは今はやっていません。ＬＩＮＥはやっていますが、電話やメールのような使い方をしているので、ほとんど使っていないのと同じです。

読者のみなさんも、ＳＮＳを使うなとは言いませんが、ほどほどの付き合い方をしないと、寂しさが強まってしまうので気をつけてください。

7 インターネットは人のつながりを減らす

インターネットの普及によって、私たちは世界中の人とつながれるようになりました。テクノロジーの発達は、私たちに素晴らしい恩恵を与えてくれたことになります。

とはいえ、**インターネットによって、いろいろな人との相対的なつながりが増えるのかというと、むしろ逆です。人とのつながりは、「減る」ことのほうがずっと多く、これは〝インターネット・パラドックス〟とも呼ばれています。**

「よし、インターネットで友だちを増やすか！」

「インターネットで人脈を広げるぞ！」

このように意気込んでいる人には、水を差す話になりますが、実際に人とのつながりは減ってしまうのです。

カーネギー・メロン大学のロバート・クラウトは、インターネットを始めて1年目から2年目の73世帯169人を対象に、インターネットを始めたことで人とのコミュニケーションが増えたかどうかを教えてもらいました。

普通に考えれば、便利なツールが手に入ったわけですから、コミュニケーションは増えるのが自然でしょう。実際、趣味が同じ人とのコミュニケーションは増えました。

ところが、クラウトが調べた結果では、逆に、家族のメンバーとの会話が減少し、地元の人との付き合いも減少しました。ですので、全体としてみると、人とのつながりはかえって減ってしまった、という皮肉な結果になっていたのです。

さらに、インターネットには次のような悪い点もあります。

家族や地元の人との直接的なやりとりが減った分、寂しさを感じやすくなり、それによって抑うつ感と孤独感は増加してしまっていたのです。

テクノロジーの発達には、良い点も悪い点もあるものですが、人付き合いに関しては、どちらかというと悪い点のほうが目につきます。

知らない人とは簡単に友だちになれるものの、そういう人との付き合いが増えれば、当然ながら、近所付き合いや、職場や学校での付き合いを減らさなければなりません。何しろ、時間は有限ですので、あるところに時間を使ったら、その分、他に時間を使えなくなってしまいますから。

インターネットは、便利なツールではありますが、SNSなどをやりすぎると、かえって身近なところでの人付き合いの時間が減ってしまいますので、うまくバランスをとりながら、上手に利用することを心がけたいものです。

8 「見て見ぬフリ」は本当に悪いこと？

日本の法律では、たとえ犯罪を見て見ぬフリをしても、罰せられることはありません。目の前で小さな女の子がナイフで刺し殺されそうになっているのに、そのまま見て見ぬフリをして通り過ぎても、罪に問われることはありません。110番通報しなかったからといって罰を受けてしまうわけではないのです。

さすがに、殺人のような重大犯罪についてなら、なかなか見て見ぬフリをするというのは難しいように思うのですが、より程度の軽い犯罪であれば、たいていの人は「見て見ぬフリ」をしてやり過ごそうとしてもおかしくないでしょう。

米国サウスイースト・ミズーリ州立大学のルイス・ヴエネジアノは、301人の大学生に対して、20の犯罪（スリ、レイプ、脱税、殺人など）のリストを見せて、見て見ぬフリをするのは悪いことかどうかを尋ねました。

殺人のようなケースでは、「見て見ぬフリをする人も悪い」という答えが返ってきましたが、より程度の軽い犯罪については、「見て見ぬフリをするのは少しも悪くない」という答えが多く見られました。

たとえば、「売春」をしている女性がいるとしても、47・3％は見て見ぬフリをするのは悪くないと答えていますし、「スピード違反」をして走っている運転手がいても、65・8％は見て見ぬフリをするのは悪くないと答えていました。

小さなことなら、目くじらを立てて怒らなくてもいい、ということでしょうか。

考えてみると、たいていの人がちょっとした悪いことをやっています。会社の備品をちょっと拝借してしまうくらいのことは、誰でもやっているのではないでしょうか。道路脇で立小便してしまうことも立派な犯罪ですが、それを厳しく取り締まるべきだとか、通報したほうがいい、という人はあまりいません。

結局、誰もが自分でもちょっとは悪いことをしているものですから、他の人が悪いことをしていても、「自分だってそんなに清廉潔白《せいれんけっぱく》に生きているというわけでもないのだから、まあ、お互いさまだ」ということで、見て見ぬフリをしてしまうのかもしれません。

逆に、あまりに小さなことまで言い立てていると、周囲の人に嫌われてしまいます。「会社のコピー用紙を無断使用するのは立派な横領だぞ！」などと言い立てていたら、ものすごく煙たがられるでしょう。

どこまで見て見ぬフリをして、どれくらいを超えたら注意するのか、線引きは非常に難しいですが、私たちは無意識のうちにそうした判断をしながら自分の行動を決めているようです。

9 ケンカが起きると人はちゃんと止めに入る

心理学には、「傍観者効果《ぼうかんしゃ》」と呼ばれる古典的な用語があります。**何らかの事件や事故が起きたとき、その場に居合わせた人（傍観者）がたくさんいると、「わざわざ自分が助けに入らなくても、きっと他の人が助けるさ」と考えてしまい、援助行動が起きないことを傍観者効果と呼ぶ**のです。この傍観者効果は、実際に起きる現象であることが確認されてはいるものの、そうはいっても、いつでも人が「見て見ぬフリ」をするのかというと、どうもそうではないようです。率先して援助行動を起こす人は、ある一定数いるのです。

その意味では、「傍観者効果」という心理効果自体が、疑わしいと言わざるを得ません。

米国ペンシルベニア州立大学のマイケル・パークスは、とあるバーとナイトクラブで、実際のケンカの観察を行っています。金曜日と土曜日の夜（0時から午前2時まで）にアシスタントを送り込み、飲み屋で起きるケンカの記録をとらせたのです。なぜ金曜と土曜の夜にしたのかというと、週末ほどお店が混み、深夜のほうがお客さんも酔っぱらってケンカが起きやすいからです。送り込まれたアシスタントは、総勢148人です。彼らは25時間の本格的な観察のための訓練を受けてからナイトクラブに出陣しました。調査日数はのべ503日で、860件のケンカが分析されました。お店は週末なので、当然混み合っていて、ケンカが始まると、ちゃんと仲裁に入る人がいました。男性同士のケンカでは、実に72％のケースで、無関係な第三者が止めに入ったのです。傍観者効果などあまり起きなかったのです。ただし、止めに入る人の80％は男性で、女性はあまり仲裁に入りません。女性のほうが、体格的に男性に劣るので、止めに入らないのは、なんとなく想像がつきます。

ただ、仲裁が入らず、傍観者効果のようなもの（？）が見られることもありました。それは男性と女性が言い争いのケンカを始めたケースです。このときには、17％の人しか止めに入りませんでした。これは傍観者効果というより、「危険度が低そうだし、放っておくか」という判断がなされた結果だといえるでしょう。

私たちは、たとえ自分とは無関係だといっても、危険度が高そうだと判断したときには、迷わず止めに入るのです。その意味では、あまり傍観者効果というものは見られないのかもしれません。

電車内で他の乗客にからんでいる酔っ払いがいたりすると、もちろん見て見ぬフリをする人もいます。その意味では、傍観者効果がないわけではありません。それでも、きちんと止めに入る人は一定数いるわけで、どういうときに傍観者効果が起きて、どういうときに起きないのかは、今後より詳しく検証されるべき課題だといえるでしょう。

10 なぜ、ハロウィンで暴徒化してしまうのか？

ハロウィンが近くなると、渋谷の街はコスプレ（仮装）をした人たちで溢《あふ》れかえります。それだけならまだいいのですが、普段ならゴミをポイ捨てなどしない人でも、コスプレをしているときは平気で街中にゴミを捨てていきます。

これはどういうことなのかというと、コスプレをすると、私たちは自分が自分でなくなったように感じて、普段の自分ならやらないようなことも平気でできるようになってしまうからなのです。みんなこのことを知らないわけですが、コスプレをするのは意外に怖いことなのです。ポイ捨てくらいならまだかわいいものですが、公共物を破壊したり、他の人に暴力をふるったりする可能性も高まるので、コスプレをするときは気をつけなければなりません。

実際、ハロウィンのときに痴漢の逮捕者が出たという事件もありました。普段なら痴漢などしない人でも、コスプレをしているときには違う心理になってしまうのでしょう。

特に、自分の顔が隠れるようなフードをかぶったり、全身を覆《おお》うような着ぐるみのコスプレをしたりするときには注意が必要です。そういうコスチュームのときには、**「自分だというこ**

とがバレない」ということで、さらに理性が働かなくなってしまうからです。これを心理学では、〝匿名性《とくめいせい》の原理〟と呼んでいます。

「どうせバレやしない」というとき、人は、非人間的なことでも平気でできるようになってしまうのです。

米国アーカンソー州立大学のロバート・ジョンソンは、４人ずつのグループを作らせて学習実験をしたことがあります。

４人は先生役と生徒役に分けられ、先生役は生徒役が答えを間違えるたびに、電気ショックを与えることになっていました。ただし生徒役に割り振られるのは、いつでも決まってサクラの人でした。実際に電気ショックを与えられることはありませんが、痛がるそぶりを見せました。なお先生役は、電気ショックの強さを弱いものから強いものまで、７段階で好きに選ぶことができました。

この実験の面白いところは、ジョンソンが先生役にコスプレをさせたことです。具体的にはＫＫＫ（クー・クラックス・クラン）というアメリカの秘密結社が着るコスチュームと、ナースのコスチュームの２つを用意しておいたのです。ちなみに、ＫＫＫのコスプレでは、全身が隠れるので自分が誰なのか他のメンバーにはわかりません。

その結果、ＫＫＫのコスプレをしているときには、強い電気ショックを選ぶ人が増えました。

「どうせ自分がやったってバレないんだから、強いショックを与えてやれ」と非人間的な行動が増えたのです。逆に、ナースのコスプレをしているときには、先生役は弱い電気ショックしか与えませんでした。

コスプレは、着ている人の心理を大きく変えてしまいます。純粋にコスプレを楽しむだけで済めばいいのですが、知らないうちに気が大きくなったり、非人間的になったりしてしまうことも知っておかなければなりません。

11 ゴミを放置すると、さらにゴミが増える

ひとつのゴミが道路わきに捨てられると、瞬く間にその場所にゴミの山ができあがります。「他の人だって捨てているんだから、私も同じことをしてもいいだろう」と考える人が多いためです。心理学の世界では、**"割れ窓理論"**と呼ばれる古典的な理論が知られています。**街中で、ひとつでも割られた窓があったり、壁に落書きがなされていたりすると、あっという間に他の窓も割られたり、壁の落書きが広がっていく、という現象**のことを指します。

汚い場所、汚い街は、どんどん汚くされてしまうものですが、それでは大学の施設内にある共有スペースはどうでしょうか。

ハロウィンのときに街中ではしゃいだりする傍若無人《ぼうじゃくぶじん》な若者たちとは違って、大学の施設内であれば、人は割れ窓理論から予想されるような行動はとらないのでしょうか。それとも、同じ人間なので、やはり同じような行動をとってしまうのでしょうか。

これは、なかなかに興味深い仮説です。結論からいいますと、たとえ大学の中であろうが、ゴミが捨ててあれば、人はそこに平気な顔でゴミを捨てていきます。

図表①　環境の違いによってゴミを放置していく割合

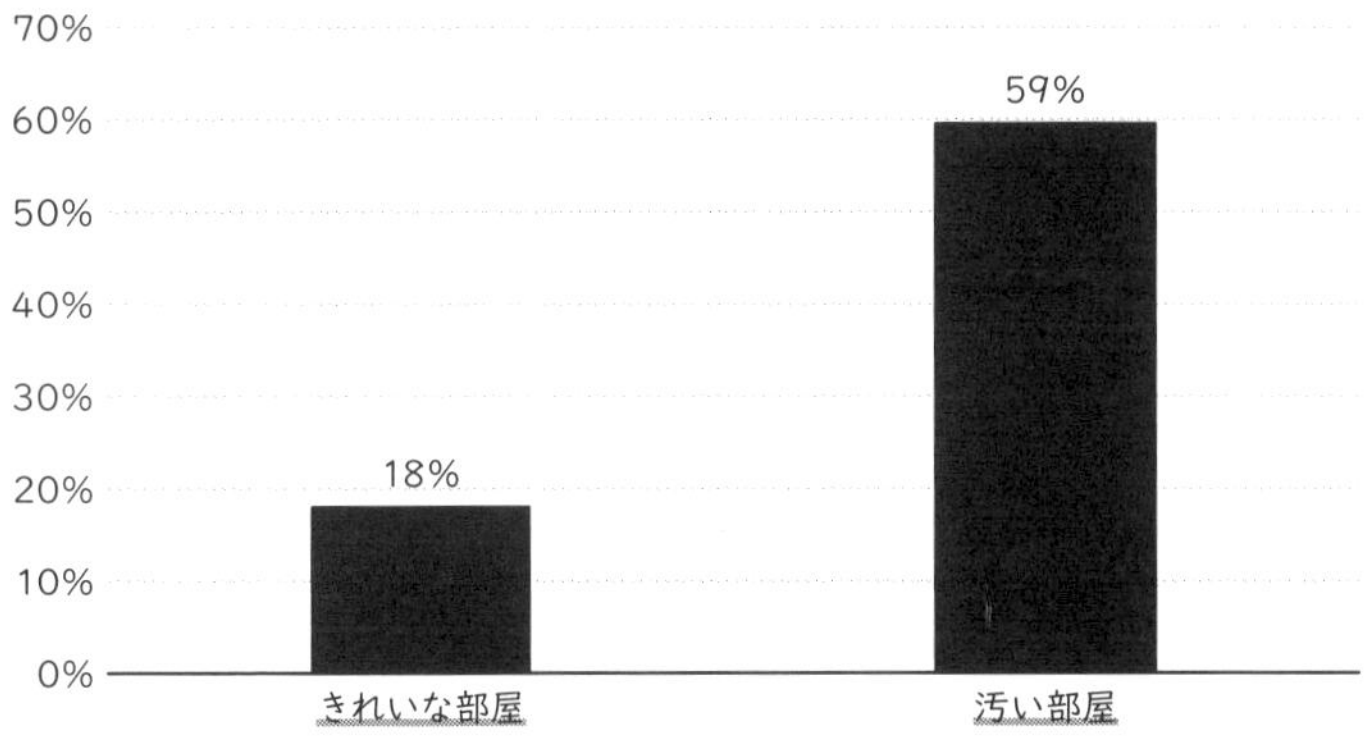

（Ramos, J. & Torgler, B. 2012より）

オーストラリアにあるクイーンズランド工科大学のジョアン・ラモスは、大学のキャンパス内にある2つの共有スペースのうち、片方の場所はきれいにしておき、もう片方には、使用済みの紙コップをテーブルに置いておいたり、ゴミ箱の横にはシュガースティックのゴミなどをわざと落としておきました。そして、それぞれの共有スペースを訪れた人たちが、自分の持っているゴミをどれだけその場に捨てていくのかをこっそりと測定してみたのです。

　すると、上の図表①のような結果になりました。きれいなところは、汚すことがためらわれます。ところが、他の人が落としたゴミがあれば、3倍も汚される確率が高くなることをこの実験は示しています。ちなみに、ラモスは、同じ人物が、それぞれの共有スペースを両方とも利用したときのケースについても分析しているのですが、きれいな部屋でゴミを捨てていく人は22％だったのに、その同じ人が汚い部屋に移動すると、そこでは70％がゴミを捨てていくことも明らかにしています。同じ人でも、場所によって行動を変えていたのです。

オフィスも、トイレも、きれいに使ってほしいのであれば、とにかくこまめに掃除をくり返して、ひとつでもゴミを残さないことを心がける必要があります。

「ちょっと汚れているけど、後でまとめて掃除するか……」などと思っていると、あっという間に汚くされてしまいます。

12 社会不安が高まると「占い」が流行る

「占い」が流行《はや》り始めるのは、心理学的に見ると、実はあまりよくない兆候《ちょうこう》です。なぜかというと、人間は、不安を感じ始めると何かにすがりつきたいという気持ちになるのですが、そのすがりつきたくなる対象が「占い」だからです。つまり、**星占いやら、その他の占いが流行り始めるということは、それだけ「社会不安が広がり始めている」という兆候**でもあるのです。「占い」が流行するのもそうなのですが、カルト宗教が流行し始めるのも、たいてい社会に不安がじわじわと蔓延しつつあるときなのです。

米国ウェストバージニア州にあるマーシャル大学のヴァーノン・パジェットは、1918年から1940年の、ドイツ国内の混乱の度合いと、星占い、神秘主義をキーワードにして、論文数、雑誌の記事数の関連を調べてみました。

すると、第二次世界大戦に向けてドイツ国内に不安が広がるのに合わせるように、星占いに関連した記事も増え続けていたことがわかりました。第二次世界大戦勃発の少し前、1936年3月ころがピークです。

またパジェットは、失業、賃金、産業生産などの経済指標も、星占いによって予測できることを明らかにしています。失業者が増え続け、賃金と生産が落ち込めば落ち込むほど、星占いはぐんぐん人気を伸ばしていたのです。

星占いは、社会不安を読むためのよい指標になります。大衆がどれくらい不安を抱えているのかを知りたければ、占いがどれくらい流行っているのかを調べればいいのです。

「なんだか最近、街角に占い師が増えたなあ」

「デパートの一角に、占いコーナーが増えたように思うなあ」

と感じるのであれば、それはよくない兆候です。社会不安が広がっているというサインだと見なして間違いありません。

経済が好調で、社会に何の不安もないときには、人は強気でいられます。そんなときには、「俺は、占いの類いはまったく信用なんてしないんだよね」と言っている人も増えます。けれども、そうやって強がっている人も、経済がどんどん悪くなってくると、やはり神頼みというか、「占いもアリかな」と感じるようになるでしょう。人間はそんなに強い存在ではありませんから、心細くなってくると、何かにすがりつきたくなるのです。

ちなみに、私も科学者の端《はし》くれではあるのですが、占いは好きなほうです。心理学では血液型占いは完全に否定されていますが、それでもやはり血液型占いなども信じてしまいます。

13 武器を見るだけで攻撃性が高まる

自分の部屋には、武器になるような物騒なものは、できるだけ置かないほうがよいでしょう。たぶん読者のみなさんの部屋にはないとは思うのですが、たまにインテリアのように猟銃やエアガンを飾ったりする人もいますが、心理学的にはあまりおススメできません。

なぜ、おススメできないかというと、**武器なようなものを見ていると、自然に攻撃性が高まってしまい、イライラしてしまうからです。これを心理学では「ウェポン効果」と呼んでいます。**武器になるようなものが視界に入っていると、無意識のうちに攻撃や暴力が連想されてしまい、それによって怒りが高まってしまうのです。

米国イリノイ州にあるノックス大学のジェニファー・クラインスミスは、30人の男性を２グループに分け、片方には、模造品のハンドガンを渡して、分解する手順と、組み立てる手順を書いてもらいました。時間は15分間です。残りの片方のグループには、子どものおもちゃを渡して、やはり分解する手順と組み立てる手順を紙に書いてもらいました。

それから、すべての男性のだ液を採取させてもらい、テストステロン（男性ホルモンの一種で、攻撃性に関係していることがわかっています）を測定してみると、ハンドガンに触れていたグループのほうが、テストステロンの値が高くなっていることがわかりました。

たとえ武器を使用するのではなくても、ただそれに触れたり、眺めたりしているだけで、攻撃性が高まってしまうのです。このウェポン効果は、無意識のうちに発動するようですので、なおさら注意が必要でしょう。ついでながら申し上げますと、銃を使って人を撃ち殺すようなテレビゲームも、やはりおススメできません。なぜなら、ウェポン効果が起きて、自分でも知らないうちにイライラしたり、ムカムカしたりすることが予想されるからです。ゲームをしている最中には、多少の爽快感があるかもしれませんが、暴力的なゲームは、やはり暴力的な傾向を助長してしまうという研究はいくらでもありますので、ゲームを楽しむのであれば、もっと違うジャンルのゲームのほうがよいでしょう。

ただし、**ウェポン効果は、自分の攻撃性や競争意欲を高めるのに役立てることもできます。**

たとえば、強気な態度で交渉に臨みたいときや、どうしても仕事のやる気が出ないときなどには、武器になるような、銃や、弓矢、石斧《せきふ》などの画像をスマホなどで検索してしばらく眺めていると、テストステロンが分泌され、「よし、やるか！」「絶対に負けないぞ！」という意欲が湧いてくるかもしれません。こういうふうに上手に利用することで、心理学の知識は自分に役立てることもできるのです。

14 学校での子どもの人気は親で決まる

親がどんな育て方をするかによって、子どもが学校で人気者になれるのか、なれないのかが決まってしまいます。


そう聞けば、おそらく読者のみなさんはビックリされるのではないかと思います。

けれども、これはれっきとした事実です。子どもは、ほかの人とどのように付き合えばよいのかを、親との付き合いによって学んでいきます。子どもにとって、親はとても重要な「見本」（モデル）なのです。親が子どもに対してものすごく厳しく、批判的な態度で接していると、その子どもは、親が自分にするのと同じようなやり方で、クラスメートと接するようになってしまいます。そのため、ものすごく嫌われる子どもになっていくのです。

逆に、親が子どもに対して絶えず笑顔を見せ、楽しいことを口にし、子どもが嬉しくなるような言葉かけをしていれば、その子どもは学校でほかの子どもに同じことをしてあげるようになります。したがって、そういう子どもはクラスでの人気も高くなるのです。

オランダにあるナイメーヘン・ラドバウド大学のマジャ・デコヴィックは、１１２名の小学生と、その両親を対象にした研究をしています。

まずデコヴィックは、クラスメートで最も好きな人の名前を3人挙げてもらいました。また、嫌いな子どもの名前もこっそりと3人挙げてもらいました。

それらを集計して、子どものクラスでの人気度を調べました。次にデコヴィックは、各家庭を訪れて、子どもと親の共同でパズルをやってもらいました。このパズルは7つのピースを組み合わせて図形を作るものですが、子どもにとっては難しい作業なので、親も手伝ってよいことになっていました。ただし、親は子どもに声をかけることは許されていますが、自分で触ってはいけません。パズルを触れるのは、子どもだけです。

このとき、親が子どもに「そうじゃないって言ってるだろう!」と厳しい声をかけたり、険しい表情を見せたりしたときには、「厳しい親」としました。逆に、やさしい笑顔で微笑みかけたり、子どもを笑わせるようなことを言ったりする親を、「受容的な親」としました。

その結果、厳しい親の子どもはクラスで人気がなく、受容的な親の子どもはクラスでの人気が高い、という結果が明らかにされたのです。

自分がどんなふうに子どもに接しているかによって、子どもの人気が決まってしまうわけですから、もし子どもがクラスであまり人気がないのだとしたら、その責任は親にもあるといえるのかもしれません。**子どもが学校で楽しく過ごせて、人気者になってほしいのだと思うのなら、親も子どもに対して、やさしく接してあげることが重要**だといえるでしょう。

15 親のしつけが、子どもの将来の健康に影響する

親というものは、子どもの将来に対して責任を持たなければなりません。「親はなくとも子は育つ」ということわざもありますが、それはウソです。親のしつけというものは、子どもにものすごく大きな影響を及ぼします。

子どもが生まれたら、どうやって親として接すればよいのかという問題は、非常に、非常に、もうこれ以上ないというくらい非常に大切なのです。

米国アリゾナ大学のラセック・リンダは、1950年代にハーバード大学に入学した男子学生に、「あなたのご両親は、どのような養育態度であなたのことを育ててくださいましたか？」ということを思い出してもらいました。

それから35年後、大学を卒業した彼らがどれくらい心の病気にかかっているのかを調べてみたのです。すると、大学入学時点で、自分の両親が「愛情深く」「正しく」「公平に」「勤勉に」「強く」「知的に」育ててくれた、と回想していた学生は、35年後に25％しか高血圧、心疾患、胃潰瘍、アルコール中毒などになっていませんでした。とても健康的だといえます。

子どもの頃、親がそのような態度で育ててはくれなかったという学生は、35年後には、87%が何らかの病気になっていることがわかりました。

親の子育ては、将来の子どもが健やかな人生を歩めるかどうかに大きく関係していたのです。

親としては、自分の子どもが健やかな心を持った大人になってほしいと願うのは当然です。だとしたら、ぜひ自分の子どもには、愛情をもって、正しく、勤勉に育ってくれるように促しましょう。

考えてみると、昔の日本人のお母さんたちは、みなそうやって子どもを育ててきました。「悪いことをしてはいけません！」「一人でも生きていける強さを持ちなさい！」「勉強をサボってはいけません、お天道様が見てるからね！」などと厳しく育てたものです。もちろん、愛情を持ってのことです。

ところが、最近の親御さんたちは、子どもを溺愛《できあい》はするのですが、甘やかして育ててしまうところがあります。子どもを愛するのと、甘やかすのは別次元の問題です。甘やかすだけでは、子どもは心の強さを持つことはできません。

イヤなことでも頑張って取り組む粘り強さや、心の強さについても、親として子どもにしつけるようにしましょう。そのほうが、子どもも大人になってから、親に感謝してくれるはずです。

16 男の子は比較してはいけない

私がまだ小さかった頃、近所の子どもがテレビゲームのソフトを買ってもらったりすると、「○○ちゃんだって持っているんだから、僕にも買ってよ」と駄々をこねた記憶があります。どうしてあれほど迷惑をかけてしまったのか、自分でもよくわかりませんが……。

男の子にとっては、近所の子どもたちとの比較が、相当なストレスを生み出すようです。

私が、他の子どもが持っているゲームソフトを欲しがったのは、他の子どもと自分を比べて、自分がみじめに感じたからでしょう。

アメリカのデューク大学のキャンディス・オジャーズは、1600人を超える子どもに、5歳のとき、7歳のとき、10歳のとき、12歳のときに追跡調査するという研究を行っています。

オジャーズは、周囲にお金持ちばかりが住むようなエリアで育った子ども（住んでいるエリアに、貧しい世帯が25％以下）と、貧しい家が多いエリアで育った子ども（住んでいるエリアに、貧しい世帯が75％以上）の成長を調べると、前者のほうが、はるかに非行に走る確率が高いことを突き止めました。ただし、この傾向は、男の子にはよく当てはまるのですが、女の子には当てはまりませんでした。

たとえ自分が貧しい家の子どもでも、近所の子どもも同じように貧しければ、男の子はそんなに気にしません。ところが、近所に住んでいる子どもがお金持ちだったりすると、男の子は、とても大きなストレスを感じます。自分がみじめな存在だと感じたり、自信を失ったりするのです。こうしてどんどん性格も荒れてきて、非行に走ってしまうのでしょう。

男の子というものは、女の子に比べて、競争するのが大好きなのです。

当然、近くに住んでいる子どもとは、しょっちゅう競争しようとするものですが、親がお金持ちかどうかという話になると、子どもにはどうすることもできません。ただストレスを感じるだけです。勉強やスポーツなら、まだ本人の努力でどうにかできそうですが、親の資産については、お手上げです。

近所にお金持ちばかりが住んでいるということは、環境がよさそうに思えますが、男の子にとっては、そういう環境はあまり好ましくないといえます。もちろん、自分の親が近所の人たちと同程度のお金持ちならば問題はないのですが。

家庭を持ち、子どもを持つようになると、親としてはどこに住居を構えるのかも大きな問題になります。できるだけ子どもにとって負担の少ないところに住むのがよいでしょう。

自分に相当の稼ぎがあるのならまだしも、見栄を張って高級住宅街などに住もうとすると、不要なストレスを子どもに与えてしまうかもしれません。

17 末っ子は人気者になりやすい

兄弟姉妹がたくさんいると、どうしてもケンカが起きます。

ある程度の年齢になってくると、そんなにケンカもしなくなるのですが、お互い小さなころには、ケンカが絶えません。おもちゃやお菓子を取り合ったり、テレビのチャンネルを争ったりと、とにかくケンカばかりするのです。

ただし、兄弟ゲンカをするのも一概に悪いとはいえません。なぜかというと、仲直りの方法も学ぶことができるからです。どうすれば険悪な空気をなくせるのか、どうすれば許してもらえるのか。そういうことは実際のケンカの後でしか学べません。**兄弟ゲンカをくり返すことで、人付き合いにおいてきわめて重要な、「仲直りの練習」ができる**のです。

米国テネシー州にあるメンフィス大学のキャサリン・キッツマンは、小学生の男女を対象にして、クラスで好きな人の名前を3人、また、嫌いな人の名前も3人挙げてもらいました。

それをもとに人気度の標準得点（マイナス1点からプラス1点まで）を出す一方で、一人っ子、二人兄弟のお兄ちゃん（お姉ちゃん）、二人兄弟の弟（妹）という3つのカテゴリーで平

図表② 兄弟の人気度と友だちの数

	一人っ子	兄(姉)	弟(妹)
人気度	−0.33点	0.14点	0.45点
友だちの数	4.60人	5.32人	5.43人

※人気度の数値は−1点から+1点の得点。+1点に近いほど「クラスメイトからの人気が高い」ことを示す

(Kitzmann, K. M., Cohen, R., & Lockwood, R. L. 2002より)

均点数を出してみたのです。

上の図表②を見てください。３つのカテゴリーの中で一番人気がないのは一人っ子でした。兄弟がいないとケンカをすることもできませんし、仲直りの練習もできません。そのため、人付き合いもあまりうまくできないのでしょう。

キッツマンは、「あなたには何人くらいの仲良しの友だちがいますか？」という質問もしているのですが、やはり一人っ子は、友だちが少ないということもわかりました。

これらの結果からすれば、一番人気があるのは兄弟の中で遅く生まれた人ということになります。

弟や妹は腕力では兄や姉に勝てませんから、うまく懐《ふところ》に入らなければならないことも多いと思います。そういうことを通じて、人付き合いの技術を磨くことができるのでしょう。

18 勘違いでも、自分は美人だと思っていたほうがいい

ハンサムな男性や美人の女性は、いろいろなところでトクをします。買い物をするときには、ハンサムや美人ほど店員は愛想よく接してくれるでしょうし、レストランでは店員がすぐに注文を取りに来てくれるでしょうし、職場では上司や重役がやさしくしてくれるでしょう。

その点、顔立ちがあまりよろしくない人は、周囲の人にチヤホヤしてもらえることもなく、心の中にはうっぷんが溜まりそうです。

ハンサムや美人は、いろいろとトクをするので、人生に不満を感じることがありません。ですので、彼らの人生満足度は非常に高い、と想像できます。

米国イリノイ大学のエド・ディーナーは、221人の男女に、まず自分自身の魅力の自己評価をしてもらいました。つまり、「自称ハンサム」「自称美人」の得点を出してもらったのです。その一方で、撮らせてもらった彼らの顔写真を10人の判定員に見せて、彼らの魅力を客観的に判断してもらいました。

それから、「あなたは自分の人生にどれだけ満足していますか？」「どれだけ幸福ですか？」

と尋ねてみると、判定員に「魅力的」と判断された人ほど、人生満足度も幸福度も高いことがわかりました。やはりというか、ハンサムや美人は人生満足度が高かったのです。

ところが、さらに面白いことをディーナーは発見しました。

他の人から魅力的だと評価されていなくとも、自分で自分のことを魅力的だと思っている、すなわち「自称ハンサム」「自称美人」のほうが、さらに人生満足度は高かったのです。本人の思い込みのほうが、客観的な評価よりも人生満足度には影響していました。

たとえ客観的には十分に「ブサイク」というカテゴリーに分類される人であっても、もし本人が「私は美人」と思い込んでいれば、その人は自分の人生にとても満足していることでしょう。幸せな人生を歩むことができているはずです。

ところが、仮に客観的には「美人」に分類される人でも、自分で自分のことを「魅力的ではない」と思い込んでいたら、その人は自分の人生に満足していないでしょうし、幸福を感じることもないでしょう。

人生を楽しく生きるコツは、自分をだましてしまうことなのです。「私はとても魅力的」だと自分に言い聞かせ、本気でそのように思い込んでしまったほうが、楽しい人生を送れるのだということを覚えておきましょう。

19 美人やイケメンはみんなからやさしくされる

顔立ちが整っている人、いわゆる美人やイケメンは、たいていの人からやさしくしてもらえます。本当に羨ましいですし、「世の中ってホントに不公平だなあ」と文句のひとつも言いたくなってしまうものですが、それが事実なのですからどうしようもありません。最近は、ルッキズムが問題視されており、容姿のことを言ってはいけないという風潮ですが、美人とイケメンは、何かとトクをしやすいのです。これは、研究でも明らかにされています。

たとえば、もしどこかに荷物を置き忘れても、顔立ちがよい人ならきちんと届けてもらえます。米国インディアナ州にあるアールハム大学のピーター・ベンソンは、中西部のとある空港の公衆電話のブースに、わざと書類を置き忘れておくという実験をしたことがあります。

書類は、大学院受験の応募用紙なのですが、その用紙には受験者のものらしい写真が貼りつけてありました。写真は4種類用意されていて、魅力的な男性、魅力的な女性、そうでもない男性、そうでもない女性の4種類です。書類にはすでに切手が貼られており、それを投函《とうかん》してもらえるかどうかを測定してみたのです。書かれていた送り先の住所は、ベンソンの研究室でした。では、最終的にどれくらい届いたのでしょうか。

離れた場所から観察したところ、全部で６０４人（男性４４２人、女性１６２人）が公衆電話のブースを使っていました。実際に戻ってきた書類は、魅力的な写真が貼られていた場合では47%、そうでもない人の写真を貼っていた場合では35%でした。ただし、男女差はありませんでした。

この結果は、顔立ちがよい人ほど、親切にされやすいということを示しています。顔立ちがそれほどよくない場合では、わざわざ書類をポストに投函してあげよう、という気持ちにならないようです。

会社でもそうでしょう。美人の女性は、やはり職場の人たちからチヤホヤされやすいでしょうし、もし困ったことがあっても、「どうしたの？」「大丈夫？　手伝おうか？」とやさしい言葉をかけてもらえる可能性が高いです。

その点、顔立ちがそれほどよくない人は、なかなか助けてもらえないという悲惨な状況に陥りやすいといえます。

私たちは、小さな頃から平等であることや公平であることの価値を学ばされるものですが、**現実には、公平な扱いをしてもらえるということはなかなかありません。それが世の中の悲しい現実**といえるでしょう。

20 人の評価は性別で変わる

ビジネスの世界においては、男性ばかりが優遇されて、女性が差別的な扱いを受けることが少なくありません。性別だけで人を差別してはいけないことは言うまでもありませんし、法律違反でもあります。それでも、いろいろな形での差別は存在するようです。

米国シカゴ大学のクリステン・シルトは、43人のトランスジェンダーで性別を変えた人の仕事の評価について調べてみたことがあります。トランスジェンダーとは、身体的には男性（あるいは女性）でも、心は女性（あるいは男性）だと感じている人たちのことを指します。つまり、それまでずっと男性としてやってきて女性に変わった人たち、あるいはずっと女性としてやってきて男性に変わった人たちが、性別が変わったことによってその仕事の評価がどのように変化したのかをシルトは研究したのです。

その結果、男性から女性へと性別の変更した場合には、給料は平均して12％減少しました。性別が変わったからといって、本人の実力や資質はまったく変わっていません。ただ性別が変わっただけです。にもかかわらず、男性から女性へと性別の変更すると、周囲の人たちはいきなり態度を変えて、その人を低く評価するようになったのでした。

委員会やプロジェクトのメンバーから外されたり、会議に呼ばれなくなったりと、嫌がらせも受けるようになりました。逆に、女性から男性へと性別を変更した場合には、平均して給料は7・5％上昇しました。男性になったからといって、いきなり仕事を猛烈に頑張るようになったわけではありません。ただ性別を変えただけです。男性に変わっただけになのに、いきなり給料がアップしたのです。しかも、男性に性別を変更すると、男性たちは自分たちの仲間だと思ってくれて、手のひらを返したようにやさしい態度をとってくれるようになったのでした。

シルトの研究は、**誰も表立っては言わないものの、現在でもやはり男女の差別は厳然として存在していることを示唆《しさ》しています。**

男性は口では「女性を差別している」とは言いません。けれども、やはり見えないところで、こっそりと差別をしているのでしょう。見えないところで差別しているわけで、その意味では、よほど陰湿だともいえます。シルトの研究は、生物学的な性別ではなく、心理的な性別も重要で、男性が女性に変わると、たとえ身体的には男性であっても、女性が受けるような差別を受けてしまうことも明らかにしています。

仕事というものは、本来、その人がやった成果で評価されてしかるべきですが、現実には、性別による影響が大きいことも否定できません。社会は確実に性別の差をなくす方向には動いているのですが、その変化はきわめてゆっくりだといえるでしょう。

21 大学入試で男性は合格しやすい

２０１８年、多くの大学の医学部の入試において、男子学生を優遇し、女子学生の合格者を抑えるという意図的な操作が次々と明らかにされるという事件がありました。

文部科学省が調査したところ、きっかけになった東京医科大学をはじめ、昭和大学、神戸大学、岩手医科大学、金沢医科大学、福岡大学、順天堂大学、北里大学、日本大学などで、不適切な得点調整が行われていたという事実が明るみに出されたのです。

女性が差別されやすいのは、日本だけではありません。

米国ニューヨーク州にあるスキッドモア・カレッジのサンディ・バウムは、13のリベラル・アーツ（日本の大学の教養学部にあたります）大学の入学希望学生の合格率を調べてみたのですが、大学によってわずかに差があるものの、6・5%から9・0%ほど男子学生のほうが合格しやすいことがわかりました。明らかに、男子学生は、優遇されていたのです。

バウムは、もともとが女子大だったのに共学へと切り替わった大学でも、同じように男子学生が優遇されているという事実も突き止めました。

日本の場合、医学部の入試においての不正が明るみに出たわけですけれども、おそらくは医学部に限った話ではないように思います。他の学部においても、同じような女性差別、男性優遇の措置、入試の不正は、こっそりと行われているのではないでしょうか。

試験というものは、厳正に行われるべきであって、性別による差別などは絶対にあってはいけないことです。男性にだけ得点を水増しするような不正は、厳しく監視しなければなりません。2018年の医学部の不正が大々的に報じられたことにより、問題が発覚したわけですが、何十年もそういうことがごく普通に行われていたことに驚かされてしまいます。

ただし、こういう問題は**男女の平等意識がかなり高いと思われるアメリカにおいてさえ、日本と同じような男女差別がいくらでも確認できます。**

差別に関しては、他の人から指摘されないと、本人はなかなか気づきにくいという、厄介な問題をはらんでいます。自分では差別をしているつもりはないというケースがほとんどなので、他の人に言われるまで、「なるほど、自分はおかしなことをしていたのだな」ということがわからないのです。

社会的に弱い立場にいる人たち、子ども、女性、外国人、お年寄り、障害者などに対しては、できるだけ差別意識を持たずに接してあげたいものですが、自分でも気づかないうちに差別をしていることもありますので、なかなか難しい問題です。

22 人が親切をしたくなるとき

電車に乗っているとき、他の誰かがお年寄りに席を譲っている場面を目撃したとします。あなたは「親切な人もいるものだなあ」と感心しました。さて、しばらくすると、座っている自分の目の前に、別のお年寄りがやってきました。こんなとき、読者のみなさんはどうするでしょうか。おそらく席を譲るだろうと思います。

先ほどの親切な人と同じことを、みなさんもするはずです。**私たちは、誰かが親切にしているのを見たら、自分も同じことをする**のです。

米国イリノイ州にあるノース・ウェスタン大学のジェームズ・ブライアンは、女性のアシスタントをパンクした自動車の横に立たせ、援助を求めさせるという実験をしたことがあります。

１０００台の車が通り過ぎたところで実験は終了したのですが、停車して援助の手を貸そうと申し出てくれたのは、わずかに35台でした。

次にブライアンは、パンクして停車した自動車の４分の１マイル後方に、もう１台のパンクした自動車を置きました。そして前方の車では、男性アシスタントがジャッキで車を持ち上げてタイヤ交換をして別の女性のアシスタントを助けている、という場面を設定してみました。

通り過ぎていく自動車は、まず他の男性が親切に女性を助けている場面を目撃し、4分の1マイル進んだ所で、似たように困っている女性に出会うわけです。

なお、この実験が行われた道路は、交差点も曲がる道もなく、また中央分離帯があって逆走することもできませんでした。つまり、親切な男性を目撃した人は、そのまま直進して、自分も困っている女性に出会うことになるのです。

さて、この条件では1000台の車が通り過ぎるうち、どれくらいが助けてくれたのでしょうか。結果は58台です。最初の実験に比べ、親切にしている場面を目撃すると、親切にする人がはっきりと増加したといえるでしょう。

私たちは、他の人が親切にしているのを目撃すると、無意識のうちに「自分も同じことをしてあげなきゃいけないな」と思うようになるのかもしれません。誰かが道に落ちた空き缶を拾ってゴミ箱に捨てているのを見たら、空き缶をその辺にポイ捨てするわけにはいかなくなります。自分もしっかりとゴミ箱に捨てるでしょうし、もしゴミ箱のそばに他の空き缶が落ちていれば、ついでにそれも拾ってゴミ箱に捨てるでしょう。

親切なことを目撃すると、誰でも人は親切になるものなのです。

23 みんな「自分は平均以上」だと思っている

私たちが一番好きなもの、それは自分自身です。これは間違いありません。

「えっ、私は自分のことが大嫌いなんだけど……？」という人もいるでしょう。

けれども**圧倒的多数の人は基本的に自分のことが大好きで、自分自身を高く評価してしまう傾向がある**のです。

スウェーデンにあるストックホルム大学のオーラ・スヴェンソンは、アメリカの大学生とスウェーデンの大学生の、運転免許証を持っている人を対象にして、自分の運転の技術を０点から１００点で自己評価してもらいました。

すると、アメリカの学生の93％、スウェーデンの学生の69％は、「自分は平均以上の技術を持っている」と答えたのです。

またスヴェンソンは、「あなたはどれくらい安全運転していると思いますか？」という質問もしたのですが、アメリカの学生の88％、スウェーデンの学生の77％は、「普通の人より、自分のほうが安全運転」と答えていました。

私たちに自己評価をさせると、たいてい「自惚《うぬぼ》れた答え」が返ってくることが知られています。これを〝平均以上効果〟と言います。

私たちは、自分のことになると、評価の目が曇ってしまうというか、客観的に判断できなくなってしまって、「どんなに悪くとも、自分は平均以上だろう」と勘違いしてしまうものです。もちろん、そんな自己評価は誤りに決まっています。

自動車の運転をするときには、「私は運転がうまい」と思うのは危険ですし、「自分だけは事故に遭っても助かるだろう」などと考えるのは、妄想に過ぎません。なぜそんな風に判断が歪んでしまうのかはわかりませんが、ともかく「私たちは自惚れた自己評価をしてしまいがちなのだ」ということを知っておくだけでも、判断の歪みを修正することができるものです。それを常に意識して、できるだけ安全な運転を心がけてください。そのほうが事故に遭う危険を避けることができるでしょう。

……などと偉そうなことを言っておりますが、私自身はどうかというと、自動車の運転をするときにはどうしてもスピードを出したくなるので困っています。

自分には運転の技術もあると、根拠もないのに信じ込んでいたりします。人間の心は、なかなか自分の思い通りにいかないものです。

24 寄付をする人が匿名を嫌がる理由

困っている人のためにお金を寄付するのは、大変に素晴らしいことです。それ自体は否定しません。けれども、人はまったくの善意から寄付しているのかというと、どうもそうではないということが明らかにされています。

「え〜っ、そんな話は聞きたくないよ！」と思われるかもしれませんが、寄付をする人の動機には、本当に人間臭いというか、自己満足というか、利己的な理由が隠されているのです。

米国カリフォルニア大学のアミハイ・グレイザーは、人は自分が気持ちよくなりたいために「見せびらかしで寄付をしている」のではないかと考えました。なぜ、グレイザーがそのように考えたのかというと、匿名で寄付をする人がほとんどいないからです。

純粋な善意からするのであれば、自分がお金を寄付したことなど、他の人にわかってもらえなくともよいはずです。匿名でも何も問題はないはずです。

けれども実際に調べてみると、寄付をする人は匿名を嫌がることがわかりました。たとえばイェール大学のロースクールでは、1991年の1年間だけで、なんと1950件もの寄付が寄せられました。ところが匿名の寄付はというと、わずか4件だったのです。

また、カーネギーメロン大学は1989～1990年の1年間に、5462件の寄付を受けました。匿名の寄付は、そのうち14件でした。割合でいうと、0・3％です。ほとんどゼロみたいな数値です。

グレイザーによると**匿名を嫌がるのは「自分が寄付したことを見せびらかしたい」という強い動機を持っているから。人間は虚栄心が強いのです。**

ちなみに、寄付の方法を「500ドル以上の寄付をしてくださった方には、メダルや表彰状をさしあげます」といったようにすると、たいていの人は500ドルぴったりしか寄付しないそうです。ようするに、善意からではなく、メダルがほしいから寄付をしているのでしょう。

実際、500ドル以上の寄付をした人へ表彰を行っているハーバード・ロースクールでは、ある年の980件の寄付のうち、93％がぴったり500ドルだったとグレイザーは報告しています。

寄付自体はとてもよいことですが、そこはやはり人間です。少し自尊心をくすぐってもらえないと、寄付をしようという気持ちにはならないのです。

なんだか残念な話ですが、寄付を募るときには相手の虚栄心をくすぐれば、たくさんのお金を集めることができるでしょう。

25 結婚指輪は安くしたほうがいい

読者のみなさんはご存じないかもしれませんが、かつて「ダイヤモンドは永遠の輝き」というキャッチコピーがありました。少し前までほとんどの人が、結婚をするときにダイヤモンド付きの婚約指輪を選んでいました。「ダイヤモンドの輝きのように、結婚生活も永遠に続きますように」という願いを込めていたわけです。

ダイヤモンドはとても高価です。私が若い頃には「婚約指輪の値段は月収3カ月分」なども言われていました。月に30万円を稼ぐ人なら、だいたい90万円くらいの指輪を選んでいたのではないかと思います。けれどもダイヤモンドにお金をかけるのはあまりよくない、というデータがあります。

米国ジョージア州にあるエモリー大学のアンドリュー・フランシス＝タンは、３０００人以上の既婚者にアンケートを配布して、結婚式にかけた費用と結婚生活についての調査をしました。

同性婚や13歳未満、60歳以上で結婚した人を除いて分析したところ、**結婚指輪や結婚式にお**

金を「かけなかった」人ほど、結婚生活は長く続いていることがわかったのです。

最近ではあまりお金をかけない少人数の結婚式や家族だけの結婚式というスタイルも流行っているそうです。心理学的には、お金をかけない結婚式は正解といえるでしょう。

この結果から、「ダイヤモンドは永遠の輝き」というキャッチコピーは、まったくのウソであるということがわかります。お金をかければ結婚生活もうまくいくのかというと、まるでそんなことはなかったのです。

では、なぜ結婚指輪や結婚式にお金をかけるのがよくないのでしょうか。その理由は、結婚に対して理想と期待ばかりが大きく膨らんでしまうから。「結婚したら、きっと素晴らしい生活が待っている！」という期待ばかりが膨れ上がってしまうのです。

ところが実際の結婚生活は、テレビドラマや映画とは違います。素晴らしいことばかりではありません。失望することもたくさんあります。むしろ、結婚前の期待が大きければ大きいほど、失望も大きくなります。「こんなはずじゃなかった……」となってしまうのです。

その点、結婚指輪や結婚式にあまりお金をかけない人は、現実的だといえます。期待も小さいので失望することもなく、普段通りに結婚生活を送ることができるのです。

読者のみなさんが男性で、結婚を考えている女性から「指輪は絶対にダイヤ付きだからね！」と求められたとしましょう。そのようなときは、結婚指輪にお金をかけると、離婚の確率が高まってしまうことを教えてあげてください。

婚姻届

26 成功している人が不幸になると嬉しい

ドイツ語には、日本語でいうところの「他人の不幸は蜜の味」を意味する単語があります。「シャーデンフロイデ」(schadenfreude)といいます。他の人が失敗したり、不幸な目に遭ったりしていると、私たちはその姿を見て、心の中で気持ちがよくなるのです。これがシャーデンフロイデ現象です。読者のみなさんにも、そういう経験はあるはずです。

米国マサチューセッツ工科大学のミーナ・シカラは、数多くのスライドを見せて、そのスライドを見たときにどういう感情を持つのかを調べてみました。スライドには、おいしそうなサンドイッチを食べている人ですとか、走っているタクシーに水しぶきをかけられている紳士など、さまざまな場面が用意されていたのですが、地位の高そうな紳士がずぶ濡れにさせられるなど、不幸な目に遭っているのを見ると、「嬉しさ」を感じることがわかりました。性格がゆがんだ人だけに、シャーデンフロイデが見られるのではありません。

ごく普通の人でも、地位の高そうな人が不幸な目に遭っていると、溜飲《りゅういん》が下がるというか、何か気分がスッキリして、晴れやかな気分になるのです。

ワイドショーでは、タレントの誰それが離婚したとか、芸能人の誰それが覚せい剤の所持で逮捕された、ということがニュースになることがあります。そういうニュースを聞いたとき、私たちは自分でも気づかないうちに、たぶん口元が笑っているはずです。**お金持ちや、きれいな奥さんがいる人や、知名度があってチヤホヤされているようなタレントが不幸な目に遭っているのを見るのは、私たちにとってものすごく嬉しいこと**なのです。

おそらくは、自分よりも立場や地位が上の人が不幸な目に遭うと、その人が自分の立場にまで落ちてきたと思えるのでしょう。それが私たちに喜びや嬉しさを感じさせるのです。

人間の心というものは、純粋で、きれいなばかりではありません。こういう、ドロドロとした恨みや嫉妬などの悪い性質も持っているのです。

いつも威張っているような上司が、他の人から怒鳴られているのを見たら、おそらくはみなさんも「いい気味だ」と思って、すごく気持ちよくなるのではないかと思います。

「そういうことを考えてはいけない」「そんな感情を持つのは失礼だ」とは思いつつも、それでもやっぱり、不幸な目に遭っている人を見て、優越的な気分になるでしょう。

けれども、それは人間なのだから、当たり前のことなのです。もちろん、心の中で喜びを感じていても、不幸な目に遭っている人がいたら、少なくても表面上では、同情するのがエチケットです。「大丈夫ですか？」とやさしい声をかけることも大切なマナーです。

27 「真ん中の席」は座らないほうがいい

電車や飛行機の座席でいうと、3人がけの真ん中の席は避けたほうがいいです。

私たちは人が近くにいると警戒します。両隣に知らない人が座って、真ん中で挟まれて座っていたら、ずっと警戒しっぱなしになります。これは精神的にものすごく疲れます。

私は、よほどのことがないと、真ん中の席には座りません。それなら、立っていたほうがラクです。隣に人がいて密着していると、どうにも落ち着かない小心者だからです（笑）。

米国コーネル大学のゲリー・エヴァンスは、都市部のラッシュアワーの通勤客139人に、目的の駅に着いたところで、だ液のサンプルをとらせてもらい、ストレスの度合いを測定してみました。だ液に含まれるコルチゾールの値を調べることで、ストレスの大きさがわかるのです。調べてみると、2人がけの席に座っている人はそうでもないのに、**3人がけの席の真ん中に座っていた乗客が、一番大きなストレスを感じていたことがわかりました。両隣から密着されることは、相当なストレスになっていたといえる**でしょう。

そうはいっても、都会生活を送っている人にとっては、両隣に人が座るということはよく起きることですから、それに対してどうすればいいのかも考えておかなければなりません。

一番いいのは、目をつぶってしまうことです。目を開けていると、どうしても両隣の人のことが気になりますから、目を閉じてしまうのです。目を閉じてしまえば、視覚的な情報が一切入ってこなくなるので、両隣に知らない人がいても、「誰もいない」ように感じることができます。

ということをわざわざ私が書くまでもなく、通勤に慣れた人は、みなさん電車の中で目をつぶっていることのほうが多いと思います。「目を閉じていれば疲れない」ということを経験的に学んでいるのでしょう。

外国人が、この姿を見ると、「日本人はみんな眠っているのに、目的地に着くとちゃんと起きるのだから、すごい！」と感心するのですが、実際には眠っているというよりも、目を閉じてストレスを感じないようにしているだけです。視覚的に相手の存在を消す、というのはよい作戦です。

オフィスでも、たとえば両隣に他の人のデスクがあり、自分の席が真ん中の場合には、両側にパーティションを設置させてもらうように会社にかけ合いましょう。うまく設置させてもらえれば、隣の人の存在が目に入ってこないので、そんなにストレスを感じなくなるはずです。

28 衝撃的な出来事は記憶に残りやすい

私たちの脳みそにある記憶装置は、あらゆることを同じように記憶してゆくのかというと、そうではありません。**人間には、インパクトの強いもの、衝撃的な出来事などは、非常に記憶に残りやすい、という特徴があります。これを「フラッシュ・バルブ記憶」と呼びます。**

たとえば、私は、２０１１年3月11日に起きた東日本大震災の当日のことをいまだによく覚えています。その日、私は東京の品川区にあるカフェで編集者と打ち合わせをしていたのですが、突然の激しい揺れのために外に出ると、周囲の高層ビルが左右に大きくグラグラと揺れているのを見て、「あ、これはダメだ」と思ったことを、10年経った今も鮮明に思い出すことができます。おそらく、読者のみなさんも当時のことはよく覚えているはずです。

たとえ突然の出来事であっても、それが私たちに恐怖をもたらすようなものであると、フラッシュ・バルブ記憶になって記憶に残りやすくなることは、実験的にも確認されています。

米国テキサスA&M大学のネッド・コックは、１８６人の経済学部の学生に国際貿易についての記事をコンピュータ上で読んでもらいました。１ページが、２分半で自動的に切り替わるようになっていたのですが、３ページのとき、いきなりヘビの画像も記事と一緒に出てくることになっていました。さて、すべての記事を読んでもらった後で、その内容につて多肢選択式の記憶テストをしたところ、ヘビの画像が出てきたページの正解率だけが、他のページに比べて38％も高いことがわかりました。いきなりヘビの画像が出てきて、「うわっ！」と驚いた学生は、そのページの記事についてはよく記憶していたのです。そのため正解率が約４割もアップしたのです。

戦争を経験しているお年寄りたちが、何十年も昔のことを鮮明に語ることができるのは、その体験がよほど衝撃的だったからでしょう。心理学的にいうと、フラッシュ・バルブ記憶です。たいていの記憶というものは、時間の経過とともにどんどん忘却されるものなのですが、フラッシュ・バルブ記憶はあまり風化することもなく、鮮明なままで私たちの記憶の中に残り続けるのです。

では、なぜそういう記憶はなかなか忘却されないのかというと、人間が生き残る上で非常に役に立ったからでしょう。猛獣に襲われた状況などをしっかりと記憶しておき、そういう場所には近づかないように気をつける人ほど生き延びることができ、記憶していない人は生き延びることはできませんでした。

そのため、危険なことをしっかり記憶できた人の遺伝子だけが後世に残されることになり、それが現代の私たちにも受け継がれているといえるのです。

29 熟年夫婦ほどお互いのことがわからない

夫婦が長く連れ添っていれば、それだけお互いのことを知っているかのように思ってしまうものです。けれどもそれは単なる思い込みにすぎません。たとえ30年連れ添ったとしてもやっぱり相手のことはよくわかっていない、と思っていたほうがいいでしょう。

バーゼル大学（スイス最古の大学です）のベンジャミン・シーベーンは、連れ添って平均2年1カ月しか経たない38組の若い夫婦と、連れ添って平均40年11カ月という20組の熟年夫婦に集まってもらって、食べ物の好み、映画の好み、家具の趣味など、118項目について調べました。自分がどれだけ好きかを答えるだけではなく、パートナーが同じものをどれくらい好きだと思うかにも答えてもらったのです。シーベーンはそれをお互いにやってもらうことで、パートナーの好き嫌いについての推測がどれくらい当たっているのかを調べてみました。

すると、若い夫婦での正解率は42・2％でした。半分以上は外れてしまいましたが、それでもまずまずの正解率だといえるでしょう。では、熟年夫婦ではどうだったのでしょう。さすがに40年以上も連れ添った夫婦なのだから、相手がどんなものを好きなのかくらいは朝飯前に当てることができたのでしょうか。

いえいえ、そういうことにはなりませんでした。熟年夫婦での正解率は、若い夫婦の正解率を下回る36・5％だったのです。

ただ単に長く連れ添っているからといって、相手の好みまで完全にわかるのかというと、そんなことはありません。

妻は妻で、「うちの夫はすき焼きが大好物」と思っていても、夫は夫で、「すき焼きは嫌いではないが、そんなに好きでもない」と感じている。そんなズレはよくあることなのです。

面白いことに、シーベーンは、それぞれの好き嫌いの推測をしてもらうときに、「確信度」についても調べました。「自分の予想がどれくらい当たっていると思うか？」を尋ねたわけですが、熟年夫婦ほど「私の予想は当たっているはず」と答えることがわかりました。

「私は妻のことなら何でもわかる」

「私は夫のことなら自分のこと以上によく知っている」

そう思う熟年の夫婦がいるとしたら、単なる思い込みかもしれません。

もちろん、それでも何十年も連れ添っていられるわけですし、本人たちが幸せだと感じられるのなら何も問題はないのですが。

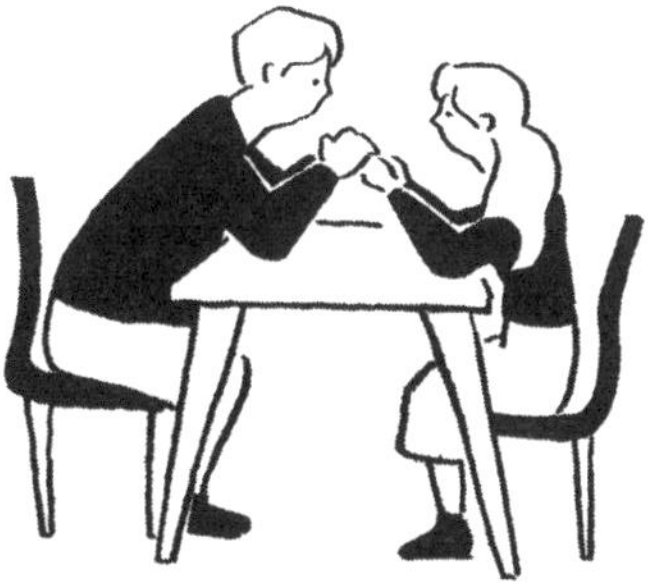

30 候補者リストの「順番」で当選が決まる

みなさんは、レストランでメニューを決めるとき、隅から隅までしっかりと確認してからメニューを決めるでしょうか。それとも、面倒くさいので最初のほうにある料理から、適当に選んだりしていないでしょうか。

メニューくらいならそれでもいいのですが、選挙ではどうでしょう。候補者リストの中から、すべての候補者が訴えている政策を調べてから、きちんと選んでいるでしょうか。それとも、適当にリストの先に出てくるほうから選んだりしていないでしょうか。

実際に調べてみると、どうも後者のほうが多いことがわかりました。**私たちは、候補者を選ぶとき、リストの先に出てくる人のほうから選んでしまう**のです。面倒くさいからなのでしょうか。その辺はわかりません。

米国イェール大学のジョナサン・コッペルは、1998年に行われたニューヨーク市での民主党予備選挙を分析してみて、候補者の名前が、リストの前のほうにあるほどに当選しやすい、ということを確認しています。

■図表③ リストの順番と当選の結果

リストの順位	1	2	3	4	5
候補者2名で当選者1名	912名	805名	—	—	—
候補者3名で当選者1名	221名	200名	188名	—	—
候補者4名で当選者1名	68名	49名	50名	52名	—
候補者5名で当選者1名	24名	16名	18名	9名	—

※数値は「当選者数」

（Meredith, M., & Salant, Y. 2013より）

さらに、ペンシルベニア大学のマーレ・メレディスは、カリフォルニア州すべての市議会と教育委員会の選挙データから同じ結論を得ています。他の州とは違って、カリフォルニア州では、候補者がアルファベット順ではなく、くじ引きでリストの順番が決められるのですが、１９９５年から２００８年までの選挙データを調べてみると、リストの順位が先に出ているほうが、明らかに当選しやすい、という結果を得たのです。実際のデータの一部をご紹介しましょう。上の図表③を見てください。

たしかに、名前がリストの1番目とか2番目に載せてもらったときのほうが、後にくる候補者よりも当選しやすいことがわかります。

選挙においては、候補者をいいかげんに選んではいけないことは言うまでもありませんが、現実には、割といいかげんに選ばれていることのほうが多いのです。有権者もヒマではありませんから、いちいちすべての候補者をじっくりと調べ上げたりはしないのでしょう。

「面倒くさいから、先に出てくる人でいいや」という感じで選んでしまう人は、けっこう多いのが現実のようです。

あまりよいことではないかもしれませんが、そういう現実はたしかにあるのです。

31 同性愛者のストレスは想像以上に大きい

同性を好きになる同性愛者は、なかなか社会に受け入れてもらえません。そのためでしょうか、他の人よりもストレスの度合いが非常に大きいのです。

アメリカでは、若者の死因の2位は自殺なのですが、特に多いのが同性愛者の自殺です。なぜ同性愛者に自殺が多いのかというと、それだけ苦悩が大きいからに他なりません。本人はひどく苦しみ、その結果、自殺することを選ぶ人が出てきてしまうのです。

米国ジョンズ・ホプキンス大学のジュリア・レイフマンは、アメリカの同性婚を法律で認めている32の州と、認めていない15の州における、１９９９年から２０１５年までの統計を調べてみました。同性婚を法律で認めている州では、同性愛者のストレスは少し減るでしょうから、自殺も少ないはずだ、とレイフマンは考えてみたのです。

その結果、たしかに1回以上の自殺未遂の割合は、同性愛を認めない州のほうが高いことがわかりました。

また、法律を改正して同性婚を認めるようになった州において、その前後での自殺未遂者を調べると、同性婚を認めるようになった後では、7％ほど自殺未遂者が減ることも確認されました。

同性婚が法律で認められるということは、社会的に受け入れられるということですから、そういう州のほうが、同性愛者のストレスや苦悩は減少するのでしょう。

世界的には、少数派だからといって差別しないように法律の改正がなされるところが多く、同性愛者に対しても寛容な態度がとられるようになっています。

日本では、まだ同性婚は認められていません。今後、法律が改正されて結婚できるようになるかもしれませんが、残念ながらしばらく同性愛者の苦悩は続くと心理学的に予想されます。

自分が同性愛者であることを隠しながら、生きていかなければならないのは、本人にとってどれほど大きなストレスになるのかは想像に難くありません。日本でも、戦国武将の間では、同性愛もそれなりに盛んだったようですが、なぜか現代では、同性愛者であることが差別の対象になってしまいました。

性的少数者のことを、ＬＧＢＴＱ（レズビアン、ゲイ、バイセクシャル、トランスジェンダー、クィア）と呼びますが、彼らに対して日本はあまり寛容ではありません。保守派の抵抗も激しく、法律の改正がなかなかなされません。彼らの苦悩がまだ続くことを考えると、ちょっとかわいそうな気がします。今後、私たちが変えていかなければならない問題です。

第2章

集団・組織と心理学研究

32 悪いことをしても組織なら許されてしまう

組織などの集団ではなく、個人がひどいことをすると、すぐに道徳的に非難されることになります。たとえば、ある人からみなさんがお金をだまし取られたりしたら、「この悪魔め！」「この守銭奴《しゅせんど》め！」と相手を罵《のの》りたくなるでしょう。それが人情というものです。

ところが、まったく同じことを組織がやっても、なぜかそんなに非難されないのです。

国、あるいは県などがみなさんのお金を少しだまし取ったとします。もちろん、腹は立つでしょうが、個人にお金をだまし取られることに比べたら、まだマシと感じるのではないでしょうか。

イスラエルにあるベングリオン大学のウルエル・ハランは、「家の所有者とリフォーム会社が、台所を新しく改装するための契約を結んだ」という内容の文章を作って、146人に読ませてみました。

この文章には続きがあって、「リフォーム会社は施工《せこう》の1週間前に一方的に契約を破棄した」という内容が書かれていました。とてもひどいことをしたわけです。

さて、ここまでの内容は同じですが、ここから先でハランは2通りの文章を用意しておきました。半数の人に与えられた文章では、「リフォーム会社のＣＥＯが、より代金の高い他の仕事を引き受けるために契約を破棄した」と、ＣＥＯ個人がひどいことをしたことになっていたのですが、残りの半数の人に与えられた文章では、「リフォーム会社が、より高い仕事を引き受けるために契約を破棄した」と、会社がひどいことをしたことになっていたのです。違っていたのはこの部分だけです。

それからハランは、この契約破棄がどれくらい道徳に反していて貪欲だと思うかを尋ねてみました。すると個人（ＣＥＯ）がやったときのほうが、道徳に反していて貪欲すぎると評価されることがわかりました。一方で、会社がひどいことをやったときには、なぜか「納得できるビジネス上の決定だ」と思われることもわかりました。

たとえ同じことをしても、個人がやったときのほうが、人は非難されます。

ですので、何か悪いことをするときには、できれば他の人も誘ってグループや団体や組織でやったほうがよいでしょう。そのほうがバレたときに怒られません（笑）。

もちろんこれは冗談で言っているのであって、法に触れるようなことは絶対にしてはいけません。

33 集団になると人は残虐になる

一人で仕事をするより、グループやチームで何かをするときのほうが、作業ははかどるものです。みんなで集まると、人は思わぬ力が出せるようになります。一人ではできないことも、集団ならできる、というところがあります。

こういう力は、よい方向に向かうのなら、本当に素晴らしいものですが、悪い方向に進んでしまうこともあるので注意が必要です。

「赤信号、みんなで渡れば怖くない」という懐かしいギャグがあります。若い方は知らないかもしれませんが、これはビートたけしさんとビートきよしさんのツービートが流行らせたギャグです。

みんなで悪いことをすれば、そんなに怖くないという意味なのだろうと思いますが、実際に、人間にはそういうところがあるのです。

イギリスにあるケント大学のターザー・リーダーは、新聞記事で、「リンチ事件」に関する記事を検索し、リンチ事件にかかわった群衆の人数と、その残虐性がしっかり記載されている記事だけを集めると、60件ありました。そこでその60件を分析してみると、群衆が大きくなるほど、残虐性（銃で撃つ、火で焼く、切り刻む、ナイフで刺す）が増す、という傾向が見られたのでした。

一人では、そこまでひどいことはできなくとも、群衆が大きくなるほど、信じられないくらいに残虐なことができてしまうのです。まさしく「みんなでやれば怖くない」という心理になるのでしょう。リンチに加わる人たちも、一人ひとりを見てみれば、普段はおそらくごく一般的な市民なのでしょう。温情も持ち合わせていて、善意の精神の持ち主だったりするのです。ところが、そういう普通の人たちも、何人かで集まっているときには、残虐になってしまうのですから、人間というのは、本当に怖いものです。

学校のいじめもそうです。一人の乱暴者に何かされているのならまだしも、何人かのグループにいじめられるときには、いじめの度合いがエスカレートする傾向があります。こうなると、もう止まりません。

いったんグループで何かおかしなことを始めると、「もう、こういうのをやめようよ」と提案する人もまとめてリンチされる危険があるので、誰も止められなくなってしまうのです。

最終的には、相手を殺すところまでやってしまうのが、集団によるいじめの怖さだといえます。

34 無意識にしてしまう差別の危険性

私たちは、自分の属する集団の身内に対しては、自分でも気がつかないうちにエコヒイキや特別扱いをしてしまうことがあります。逆にいうと、自分の属さない集団に対しては、知らぬ間に冷たい対応や、差別的な対応をしてしまっている危険性がある、ということでもあります。

米国ワシントン大学のアンソニー・グリーンワルドは、「社会科学引用インデックス（SSCI）」という論文を検索するデータベースで、1万2000もの引用を調べてみました。何を調べたのかというと、ユダヤ系の人は、ユダヤ系の学者の引用をたくさんするのではないか、という仮説についてです。ユダヤ系かどうかは、ある程度までは、名前から判断できます。ゴールドスタイン、セリーグマン、シーゲル、シルバースタイン、エーデルマン、といった名前はユダヤ系の人に多く見られる名前です。そういう名前の人は、やはり同じユダヤ系の学者からの引用を好んでするに違いない、とグリーンワルドはにらんだわけです。

実際、調べてみるとその通りでした。ユダヤ系の論文の著者は、同じユダヤ系の学者の引用をたくさんしていましたが、非ユダヤ系の学者からの引用はあまりしていませんでした。一方で非ユダヤ系の人（エリクソン、ホーキンス、ウェブスターなど）も、非ユダヤ系の学者ばかり引用して、ユダヤ系の名前の人の引用をあまりしていませんでした。お互いに、自分の身内ばかりを特別扱いしていたのです。

グリーンワルドは、さらに追加の研究を行っています。「偏見」や「差別」をテーマに研究している学者だけに絞って、同じ調査をもう一度やってみたのです。すると、やはり同じ結果が得られました。「偏見」や「差別」を研究している学者でさえも、無意識のうちに、自分が差別的なことをしてしまうようです。本人は、まさか自分が自分と同じ集団の学者ばかりを引用しているとは、つゆほどにも思わないのでしょう。

偏見や差別は根が深いといわれますが、本当にその通りだといえます。

自分でも気がつかないうちに、自分の属さない集団の人や、外国人に対して、失礼千万《せんばん》なことをしている危険性があります。身内にやさしくするのはいいのですが、身内以外の人に冷たくするのはいただけません。もしそういう差別をしている自分に気がついたなら、できるだけ改めるように努力しなければなりません。

本人は自分がそういう差別をしていることになかなか気づくことができないので、改めることが難しいという問題がありますが、自分は無意識のうちに他の集団を差別してしまいがちだと意識しておくだけでも、差別してしまう危険を避ける効果はあるのだと思います。

35 なぜ、新人いじめがなくならないのか？

アメリカの大学寮や部活動では、例年「新入生いじめ」が行われているそうです。日本もそうです。さすがに大っぴらにはいじめが行われることはありませんが、新入生の歓迎会では、大学一年生にお酒の一気飲みを強要するようなことは、いまだに行われているところもあるみたいです。職場でも同じです。

さすがに今ではほとんどなくなりましたが、かつての新人は、先輩たちの前で宴会芸を披露しなければならないというようなことが、当たり前のように行われていました。なぜ、こういう新人いじめが行われるのでしょうか。

米国コルゲート大学のキャロリン・キーティングは、大学寮や部活動での「新入生いじめ」を分析し、運動部では身体的なしごきやいじめが多く、ギリシャ語サークルのような文科系のサークルでは、人前で歌わせたり、踊らせたりという恥ずかしいことを求めるいじめが多いことを突き止めました。そういった種類の違いはあるものの、「いじめがない」ということはありませんでした。新入生たちは、何かしらのイニシエーション（通過儀礼）に参加させられることで、ようやく先輩たちから「一員」として認められるのでした。

キーティングによると、**いじめがなくならないのは、いじめが組織や団体の結束に役立っているからです。実際に役立っているからこそ、いくら「いじめはよくありません」と言われてもいまだになくならない**ようなのです。

先輩の立場からすると、新入生をいじめることによって、組織のヒエラルキーを教えることができます。どんな組織にも序列や秩序があり、それを教え込むための手段としていじめを行っているのです。また、新入生たちの心にも、「晴れて私はここの一員になれた」という気持ちが芽生えることもあるみたいです。その組織の一員というアイデンティティが強化され、組織のために頑張ろうという効果が少なからずあることが研究からみられたのです。いじめという現象が社会からなかなか根絶されないのは、それなりの機能があるからなのでしょう。

道徳的な観点から、「いじめはよくない」と言われても、組織にとっても役に立つ機能を果たしている以上は、いじめを完全になくすのはとても難しい問題です。

とはいえ最近では、法律も厳しくなり、新入社員に宴会芸などを強要しようとすると、ハラスメントで訴えられます。これはとてもよい傾向です。いじめは相手を深く傷つける行為です。相手に一生の傷として残るケースも多く、相手を追い込む行為でもあります。みなさんも絶対にいじめをしてはいけないということを心に留めておいてください。

36 集団をまとめるための「いけにえ」

学校でも職場でも、人間関係がある所にほぼ間違いなく存在してしまうのが、「いじめ」です。

本来は守られるべきである弱者に対して、なぜ私たちはいじめを行ってしまうのでしょうか。

そして、いじめはなくせないのでしょうか。

米国カンザス大学のスコット・エイデルマンによると、いじめは、集団の維持に役立つ機能があるそうです。

「えっ、いじめが、集団の維持に役立つ!?」と驚かれるかもしれません。

「いじめがあると、かえって集団がバラバラになりそうな感じもするけど……」と思われる人もいるかもしれません。なぜ、「いじめ」が集団の維持に役立つのでしょうか。

それは、**同じ集団の中にいじめる対象を作るのは、「いじめられる人以外の人たちの一体感」を強める働きをするというのがエイデルマンの分析です。いじめの対象がいると、それ以外の人たちは、かえってひとつにまとまるわけです。心理学的には、これを〝黒い羊効果（ブ**

ラック・シープ効果）〟と呼んでいます。

そういえばスポーツの世界でも、ライバルのチームがいると自分たちのチームの一体感が高まる、ということはありますよね。企業でもそうで、明確なライバル会社がいたほうが内部がしっかりまとまる、ということはあります。中国などは、反日を煽《あお》って国内の一体感を高める、ということをよくやっていたりします。

同じ集団内にいじめの対象を作り上げるのも、こういう現象と同じです。外に敵がいないときには、あえて同じ集団、同じグループの中に、「いけにえ」のような対象を作ったほうが、メンバーの一体感、凝集性は高まるのです。

いじめがなかなかなくならないのは、集団の維持に役立っている（少なくとも、いじめられる対象以外の人にとっては）という理由があるからです。もちろん、だからといっていじめがあってもいいといいたいわけではありませんが、集団が集団として維持されていくために、そういう機能が存在しているという側面があるようです。

いじめられることに、理由なんてありません。「理屈と膏薬はどこへでも付く」という言葉がありますが、いじめについても同じです。「あいつは気取っている」とか「あいつは嫌らしい目つきをしている」とか「あいつの声が嫌いだ」とか、いじめる人たちはいろいろな理由をデッチ上げるものですが、本当のところはそんな理由はどうでもいいのです。

本当は、集団やグループを維持するために、あえて「いけにえ」を作っているだけなのです。

いじめに遭ったときには、嫌われる理由を改善すれば仲間に入れてもらえるとか、そういう期待はしないほうがいいでしょう。どうせ嫌われる理由を改善したところで、また別の理由をデッチ上げられるに決まっています。

そんな場合は、さっさとその集団から逃げ出すことを考えてください。そうしないと、いつまでもいじめられ続けることになってしまうのです。とにかく、すぐに逃げてください。

37 「贅沢な経験」がいじめのきっかけになる

２０１８年、東京都八王子市の中学二年生の女子生徒がいじめを苦にして自殺したという事件がありました。そのいじめのきっかけとなったのは、家族で行った沖縄旅行の写真をＳＮＳにアップしたことだったそうです。他の生徒たちから、「自慢かよ」と妬《ねた》まれ、いじめが始まったといわれています。

家族旅行をするのは、とてもよい経験になるとは思うのですが、**「贅沢な経験」をすることによって、かえって周囲から妬まれたり、仲間外れにされたりすることがある**のです。

米国ハーバード大学のガス・クーニーは、貴重なワインを飲んだり、飛行機からパラシュートで飛んだりする経験には、「見えないリスク」もあると指摘しています。どんなリスクかというと、他の人から仲間外れに遭う、というリスクです。

「なんだかあいつ、調子に乗ってない？」

「自分だけ、周りとは違う人間なんだって思ってない？」

そんなふうに思われて、嫌われてしまう危険があるのです。クーニーはこの仮説を検証する

■図表④ 仲間からの排除を感じた点数

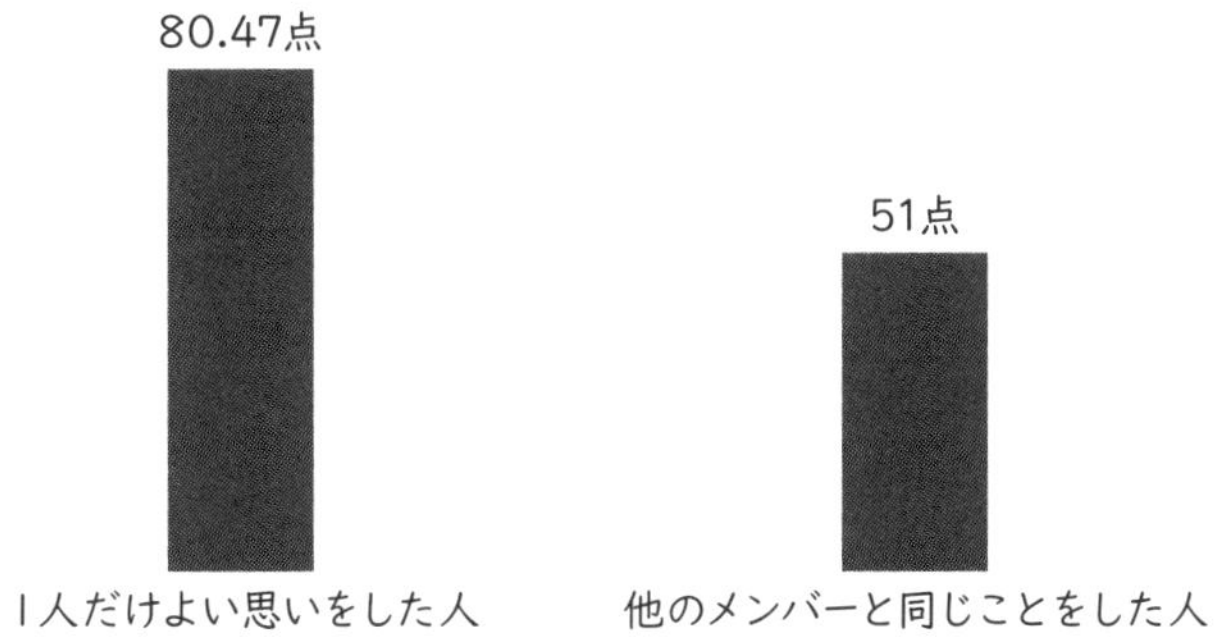

※数値は100点満点。100点に近いほど「仲間からの排除を感じた」ことを示す

（Cooney, G., Gilbert, D. T., & Wilson, T. D. 2014より）

ため、４人でひとつのグループを作らせ、お互いに自分自身のことを語らせるという実験をしたことがあります。

ただその前に、メンバーの１人だけに、四つ星のとても面白い映画を観せてあげました。

その間、残りの３人は二つ星のつまらない映画を観せました。１人だけが、羨ましがられるような経験をさせられたわけです。

それから４人に自由に会話をしてもらったわけですが、やりとりが終わった後で、「どれくらいメンバーから排除されたと感じたか」と尋ねてみると、１人だけよい思いをしたメンバーが強くそう感じたことが判明したのです。

上の図表④を見てください。自分がそうしたかったわけではなく、実験者に割り振られただけなのですが。

他人に羨ましがられるような経験をしたときには、できるだけ黙っていましょう。わざわざ自慢する必要などありません。自分では自慢しているつもりはなくとも、相手にはそう思われて妬まれてしまいますから、こっそりと隠しておいたほうがいいのです。

『ドラえもん』に出てくるスネ夫は、ステーキを食べたとか、高いおもちゃを親に買ってもらったとか、そういう自慢ばかりしてのび太たちに嫌がられていますが、そういう人間になってはいけません。

仮に貴重な経験をしたとしても、何も知らないような顔をしていたほうが無難でしょう。

38 周りがすごい人たちばかりだと自信をなくす

どんなに優秀な人でも、さらに優秀な人たちに囲まれていたら、自信を失ってしまうと思います。

たとえば、せっかく一流企業に入社しても、周りがすごい人たちばかりなら、自分はそんなに優秀でも有能でもないと感じて、自尊心が低くなるかもしれません。

それなら中堅の企業に入って、周りの人たちから「仕事のできる人」と思われたほうが、精神的には好ましいでしょう。

また、ある中学生が自分の実力よりも高い偏差値の高校を受験し、運よく合格するとします。けれども、おそらくその生徒はレベルの高いクラスメートに囲まれて自尊心が下がり、辛い高校生活を送ることになると予想されます。

むしろ、ワンランク下の高校に入れば、３年間ずっとトップクラスにいることができるでしょう。クラスメートたちからも「できるヤツ」と思われ、晴れやかな高校生活を送ることができるはずです。

イスラエルにあるハイファ大学のモーシェ・ゼイドナーは、「超優秀」と判断された1020人の小学生について調査を行っています。調査対象の子どもの半数は、普通の子どもと一緒に授業を受けるレギュラークラスに在籍していました。残りの半数が在籍していたのは、超優秀な子どもだけを集めた特別クラスです。

すると、特別クラスにいた子どもたちは超優秀なはずなのに、ネガティブな発言を多くしていることがわかりました。他の子どもたちも超優秀なため、「私は頭が悪い」「私は物覚えが悪い」「私は試験の成績が悪い」と考えるようになってしまったのです。

私たちは自分と周りにいる人たちを比べて、自己概念を形成していきます。たとえ自分が優秀であっても、周囲にも同じように優秀な人たちが多くいると、自分に自信が持てなくなり、自己評価も低くなってしまうのです。

「鶏口《けいこう》となるも牛後《ぎゅうご》となるなかれ」という言葉があります。牛の体のような大きな集団に属していても、その末端にいるようでは意味がない。たとえ鶏の体のように小さな集団でも、その長でいたほうがよい、という意味です。この言葉は、心理学的にもまさに正しい表現です。

たとえ一流企業や一流校に所属していても、後ろのほうでヒイヒイ言いながらくっついているよりは、二流、三流であっても、トップにいたほうが絶対に気持ちがよいでしょう。狙うなら、「鶏口」のポジションです。

日常生活でも、背伸びをして高級住宅街などに住んでみたところで、周囲がお金持ちばかりだと、なんだか自分をみじめに感じるかもしれません。見栄を張って、必要ない高級外車などをローンで買ってしまう恐れもあります。

そんなふうに周りと競おうとするよりは、郊外や田舎に広々とした庭つきの家でも建てたほうが、幸福を感じることができるはずです。

人間、何事もムリをしてはいけないということです。

39 一緒に「バカ騒ぎ」をすると仲良くなる

昔は、学校でも職場でも、人の付き合いというものはかなり親密でした。というのも、どこの学校にも、どこの職場にも、ひょうきんでバカなことをする人がけっこういて、一緒に自分もバカなことをやっているうちに仲良くなってしまったのです。

それに比べると、最近の人たちは上品になったというか、あまりバカ騒ぎもしないようです。だからなのか、お互いの関係も冷めたものになりがちな印象を受けます。

人間というのはバカなことを一緒にやっていると、ものすごく仲良くなれるのです。ですから、たまにはバカなことをするのもよいのではないでしょうか。「お祭り」というのも、もともとは人々がもっと仲良くなるために、バカげたことを一緒にするための口実として生まれたのではないかと私はにらんでいます。お酒を飲んで酔っ払い、お互いにバカなことをすることで、人とのつながりは深くなっていくものだからです。

米国ニューヨーク州立大学のバーバラ・フラレイは、お互いに面識のない同性のペアを作らせて、一緒にバカげたことをさせるという実験をしてみたことがあります。

たとえば、片方がストローを噛んだ状態のまま、ダンスのステップをもう片方に伝えるのです。伝達役は、ストローを噛んでいるので、おかしな声で指示を出さなければなりませんでした。そのため、ダンスをする役のほうはみんな大笑いでした。

さて、このようなバカげた行為を一緒にやってもらった後で、「相手にどれくらい親近感を覚えましたか」と尋ねると、かなりの親近感を覚えることがわかりました。

一方でフラレイは、まったく面白くもない作業を一緒にやらせるグループも設定していましたが、こちらのグループでは、当然、親近感は高まりませんでした。

人と仲良くなりたいのであれば、バカげたことを一緒にやってみることです。上品なことをやっているだけでは、人は仲良くなれません。

かつての職場の社員旅行では、バカなことをする人がいくらでもいました。そういうことが許容される雰囲気もありました。露天風呂だと勘違いして、ホテルの池にみんなで入ったというエピソードなどいくらでもありました。そのためみんな仲良くなれたのです。最近では、社員旅行自体がなくなる方向になっているようで、これは残念なことだと思います。

また、ハロウィンにしろ、クリスマスにしろ、お花見にしろ、パーティーはよいことです。どんどん積極的にやりましょう。普段とは違う自分をさらけ出し、たまにはみんなで一緒におかしなコスプレをして騒いでみるのも、楽しいですし、人間関係も深まるものなのです。

40 いい先生は学生からの評価が低い

最近ではどこの大学でも、学期末には学生からの授業評価というものがなされます。普通、評価といえば先生が行うものですけれども、学生側から先生に点数を付けるわけです。

授業評価をされるとわかれば、先生も手が抜けません。手を抜いて講義をしていたら、学生からの評価はものすごく悪くなるでしょう。意地の悪い先生も、学生をいじめたりはしなくなるでしょう。そんな狙いで授業評価が行われるようになりました。

ただ、だいたい学生というものは、バイトやら遊びやらに忙しく、大学の講義などそんなにマジメに受けてはいません。なので、**先生が学生のためを思って課題やレポートをたくさん出すほど学生にはイヤがられ、授業評価も悪くなってしまう**、という矛盾したことも起きます。

学生にレポートも試験も課さず、出欠も取らず、ものすごくいいかげんにやっている先生のほうが学生からの授業評価は高くなるということも大いに考えられます。結局のところ、授業評価に意味などあるのでしょうか。

米国ペンシルベニア大学のスコット・アームストロングは、さまざまな大学において、経済学の講義を受講した3万人以上の学生の授業評価について調べてみました。

すると、「学生が先生を悪く評価するほど、学習は促進される」という、不思議な結果が得られました。学生から悪い評価を受ける先生は、たいていとにかく厳しいのです。そのため授業評価は悪いのですが、学生は必死に勉強させられるので、学習は促進されるわけです。

こうしたことからアームストロングは、「授業評価は無意味」という結論を導いているのですが、他にも理由を挙げています。

たとえば先生側の理由として、しっかり準備をして講義しても、学生によい評価をしてもらえないのだとしたらやる気が失せてしまう、ということもあります。また、新しい試みをしようとしても、それによって授業評価が悪くなりそうだと思えば、型通りの講義で済ませてしまう、ということもあります。

さらに学生側の理由として、授業評価をしていると、自分の勉強の責任は自分にあるのではなく、先生や大学当局にあると思い込んでしまうということがあるのです。「自分がバカなのは、先生の教え方が悪いからだ」という気持ちになってしまって、「自分が悪い」とは考えなくなってしまうのではないか、ともアームストロングは指摘しています。

授業評価は、先生にとっても、学生にとっても、あまり利益をもたらしません。文部科学省も、こういう授業評価はやめさせる方向に動いてほしいのですが、いかがでしょうか。

41 みんなでいると注意を聞かなくなる

同じ頼みごとであっても、依頼者が権威を感じさせる服装をしていれば引き受けてもらえますが、そうでなければ引き受けてもらえない、ということがあります。**私たちは依頼者の服装を見て、従うかどうかを決めているのです。**

「この人は立派な服装をしているから、言うことを聞いておこう」
「この人は薄汚い格好をしているから、言うことは聞かなくてもいいだろう」

相手の身なりを見て、そういう判断を瞬時に行っているのです。**心理学では、これを〝ドレス効果〟と呼んでいます。**警察官や消防士の服装をしていればおかしな依頼をされても引き受ける人の割合が増加するというのも、ドレス効果のひとつです。ここでは、面白いドレス効果の実験を紹介します。

米国ウィスコンシン大学のコンスタンティン・セディキデスは、ニューヨーク州ブロンクス郡にある動物園で、夏の３日間に訪れた２２人のお客さんを対象にした実験をしてみました。

どんな実験かというと、動物園の飼育員の服装、あるいはＴシャツでサンダルを履いたアシ

■図表⑤ お願いする人の服装

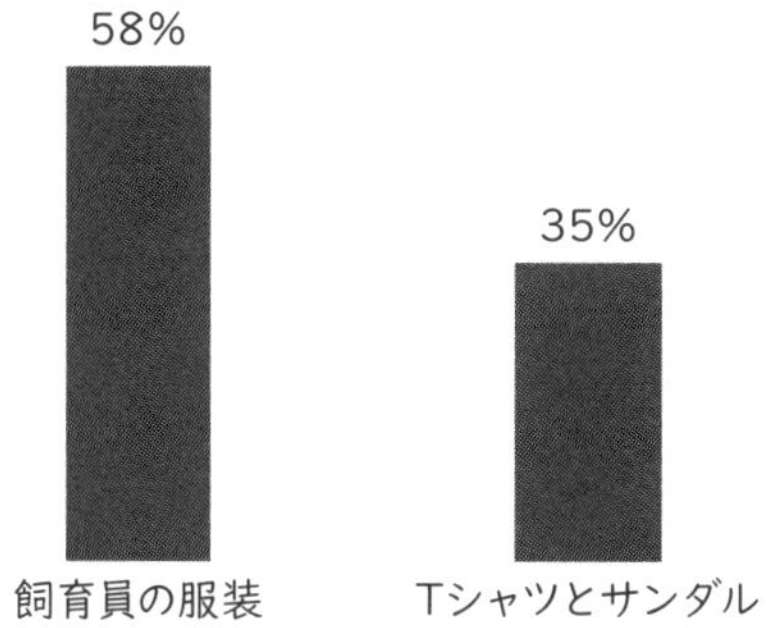

※数値はお願い事を聞き入れた人の割合を示す

（Sedikides, C., & Jackson, J. M. 1990より）

スタントが、「すみません、柵にはもたれかからないでください」とお客さんにお願いします。そうしてアシスタントは立ち去るのですが、その後のお客さんの行動をこっそり観察してみたのです。上の図表⑤を見てください。するとやはりというか、ちゃんと柵から離れてくれた人の割合は、飼育員の服装でお願いしたときのほうが高くなりました。

さらにセディキデスは、お客さんの人数構成とその反応についても調べています。お客さんが1人か2人連れのときには、言うことを聞いてくれる割合は60％でしたが、3人から4人のグループになると49％に減り、5人から6人のグループでは14％にまで落ちました。1人か2人ならまだしも、**大勢のグループに言うことを聞かせるのは、かなり難しい**みたいです。

42 アイドルグループがかわいく見えてしまう理由

乃木坂46にしろ、モーニング娘。にしろ、アイドルグループのメンバーは、みなとてもかわいく見えてしまうものです。しかし、残念ながら、それは錯覚にすぎません。ファンの人には申し訳ないのですが、私たちの目は、「グループのメンバー」ということで簡単にだまされてしまうのです。その証拠に、一人ひとりのメンバーを個別に見てください。「あれれっ!? なんだ、普通の女の子じゃないか！」ということに気づくはずです。

心理学では、こういう現象のことを「チアリーダー効果」と呼んでいます。アメリカのCBSで放送されていた『ママと恋に落ちるまで』というテレビドラマがあります。このドラマ内で、ある登場人物が言った**「チアリーダーは一人ひとりで見るとそんなにかわいくもないのに、みんなで集まっていると、とてもキレイに見えてしまう」というセリフにちなんで名づけられた用語**です。

米国カリフォルニア大学サンディエゴ校のウォーカー・ドゥルーは、5つもの実験をくり返し、人の魅力を評価してもらうときには、一人で写っている写真よりも、グループで写っている写真を見せたほうが魅力は高まることを確認しました。では、どうしてグループだと、人は魅力的に見えるのでしょうか。その理由は、グループ全体の平均値に引っ張られて評価してもらえるからです。

たとえば、100点満点中で魅力が30点のメンバーがいるとしましょうか。アイドルなのですから、そんなに低い魅力のメンバーなど、そもそもいないと思いますが、話をわかりやすくするためです。そして、グループ全体の平均魅力が80点だったとします。すると、その魅力が30点のメンバーは、全体の平均値の方向に引っ張られて、60点とか、70点の魅力があるように見えてしまうのです。これがチアリーダー効果です。私たちが人の魅力を評価するときには、一緒にいる人も含めて、まとめて得点化されるという心理メカニズムが働きます。そのため、多くの場合には、魅力が水増しされるものなのです。たいていのアイドルグループには、とてもかわいい女の子がセンターの位置に立っています。すると、その両隣にいる人たちも、なんとなくかわいく見えてしまうのです。

男性のアイドルグループについても、事情はまったく同じです。街中で普通に見かける男性と、そんなに大差があるわけではありません。ところが、飛びぬけてカッコいい人もいるので、全体としては個々のメンバーもそれなりにカッコよく見えてしまうのです。

顔に自信はないけど、芸能界に入ることを夢見ているのだとしたら、グループとしてのデビューを考えてみるとよいでしょう。そのほうが成功する可能性は高くなるはずです。

43 無意識に自分の属するグループの色を好む

多くの日本人が好きな色は、たぶん「白」ではないかと思われます。日本人にとっての白という色は、純粋、清潔、無垢、浄化など、好ましいイメージを持っているものです。ワイシャツの色も、おそらくダントツの一番人気は白ではないでしょうか。

心理学では、私たちが無意識に好む色は、その人が属するグループの象徴的な色であることがわかっています。

そういえば、日本の国旗の日の丸は、白地に赤です。こんなところからも、日本人が好きな色は白（次点で赤）ということが想像できるわけです。

米国カリフォルニア大学バークレー校のカレン・スクロスは、バークレー校の学生たちに、40種類の色のサンプルを見せ、「あなたの好きな色は何？」と尋ねてみました。すると、「青」と「ゴールド」という答えが圧倒的に多いことがわかりました。ちなみに、バークレー校のスクールカラーは、まさに「青」と「ゴールド」でした。

ついでスクロスは、米国スタンフォード大学の学生にも同じように「あなたの好きな色は？」と尋ねてみました。すると、こちらの学生が好む色は、「赤」と「白」でした。だいたい予想がつくと思うのですが、スタンフォードのスクールカラーは、まさしく「赤」と「白」です。結局、どちらの学生も、自分の属する大学のスクールカラーが好きだったのです。

この研究をもとにすると、いろいろなことが心理学的に予想できます。

たとえば、ソニーの社員は、「黒」を好み、楽天の社員は「赤」を好むのではないか、という面白い予想ができたりします。なぜなら、ソニーの会社のロゴは「黒」で、楽天のロゴは「赤」だからです。私たちは、自分の属する色を無意識のうちに好みますから、こんな予想もできなくはないわけです。とはいえ、話はそんなに単純ではなく、ソニーの社員の中にも、「赤」を好み、楽天の社員の中にも、「紺」を好む人がいるかもしれません。けれども、さらにその人の出身大学を聞いてみると、たとえば、早稲田大学出身で、赤っぽい色を好むことがわかったり（実際には、早稲田のカラーはマルーンと呼ばれる色ですが）、慶應大学出身なので慶應のスクールカラーである「紺」が好きだったりすることがわかるかもしれません。

洋服や家具など、色の好みについて、私たちは、「純粋に個人的な好み」だと思い込んでいることが少なくありませんが、本当のところは、私たちは自分が属するグループや会社のカラーを自分でも好んでいることが多いのです。

第3章

職場における心理学研究

44 目上の相手に敬意を払うための対人距離

私たちは、心理的に親しい人にはたやすく近づいていくことができます。ところが、相手が目上の人であったり、地位が高い人であったりすると、心理的に威圧されてしまって、できるだけ離れようとする傾向があります。

人と人との間にある物理的な距離のことを、心理学では〝対人距離〟と呼んでいますが、地位が高い人との対人距離は長くなりやすい、といえるのです。

米国ミズーリ大学のラリー・ディーンは、カリフォルニアにある海軍施設で562人の兵士たちのおしゃべり行動を観察してみたことがあります。仕事絡みのおしゃべりではなく、他愛ないおしゃべりを調べるため、ロビー、カフェテリア、レクリエーション・センターの3カ所で観察を行いました。

ディーンは、一人で立っている人に、誰かが近づいていき、声をかけた瞬間を見計らって、お互いがどれくらいの距離を取っているのかを測定させてもらいました。距離はメジャーを使って正確に測るのではなく、フロアのタイルの枚数で測定しました。タイルは1枚22・8㎝の

■図表⑥ 声をかけたときのお互いの距離

話しかけたほうの階級	話しかけられたほうの階級		
	上	同じ	下
Captain（司令官）	ー	4.00枚	3.43枚
Commander（指揮官）	3.50枚	3.17枚	3.03枚
Lieutenant commander（少佐）	3.60枚	3.00枚	3.54枚
Lieutenant（大尉）	4.71枚	2.81枚	3.51枚
Lieutenant junior grade（中尉）	4.50枚	3.40枚	3.12枚
Ensign（少尉）	4.01枚	3.00枚	3.35枚

※数値は2人の間のタイルの枚数を示す

（Dean, L. M., Willis, F. N., & Hewitt, J. 1975より）

正方形です。さらにディーンは、話しかけたほうの階級（地位）と、話しかけられたほうの階級も教えてもらいました。すると、声をかけたときのお互いの距離は、上の図表⑥のようになりました。

結果を見ると、地位が高い人が低い人のほうに近づくときには、かなり距離が短くなりました。地位が高い人は、遠慮なく、相手のすぐ近くまで踏み込んでいくことができたのです。

ところが、逆の場合はそういうわけにはいきません。地位が低い人が高い人に近づいていくときには、かなり離れた所から声をかけていました。同じ階級の人や、自分より地位が低い人に声をかけるときに比べて、タイル1枚分、つまり20㎝から30㎝ほど遠く離れていたのです。

私たちは、相手と距離を取ることによって、相手に対する敬意を示そうとします。距離を取れば取るほど、敬意の大きさを伝えることができます。

もし自分よりも地位が上の人に話しかけるときには、少しだけ距離を長く取ったほうが、相手に敬意を払っていることをアピールできます。

あまり近づき過ぎるのは失礼になることも覚えておきましょう。

45 偉い人ほど仏頂面な理由

新聞や雑誌で取り上げられている社長の写真を見てください。にこやかにほほ笑んでいる人もたまにはいるかもしれませんが、たいていの場合は無表情です。ホームページで大学の先生の写真を見ても、偉い先生になればなるほど、みんな一様に仏頂面をしています。

なぜ、偉い人は笑わないのでしょうか。

その理由は、「愛想よく振るまう必要がないから」と指摘しているのが、米国ミシガン大学のパトリシア・チェンです。愛想よく振るまったり、ペコペコしたりするのは、そんなに偉くない立場の人です。

地位が高くなり、偉くなってくると、誰に対しても愛想よく振るまう必要はなくなるので、顔もどんどん不愛想になっていきます。そのうち、不愛想な顔がしっかりと貼り付いてしまって、写真を撮られるときにもにこやかにほほ笑むことができなくなる、というわけです。

チェンは、自分の仮説を検証してみるため、雑誌『ＵＳニューズ＆ワールド・レポート』によって評価された、全米トップ20のビジネス・スクールの学部長を調べました。ただし、３つのスクールの学部長は女性だったので、性別による影響を考慮して、残りの17人の学部長の顔写真を実験に使いました。

その17人の学部長の顔写真を37人の判定員に見せて、「どれくらい愛想のよい人だと思いますか?」と尋ねてみました。もちろん、判定員たちは彼らがどこの大学の学部長なのかは知りません。

すると、ランキングの高いビジネス・スクールの学部長になればなるほど、「愛想がない」と判定されることがわかったのです。

ランキングの低いスクールの学部長は、学内ではトップかもしれませんが、世間的に見ればそうでもないことを自覚しているのか、少しは愛想笑いを浮かべて写真に写ります。

ところが、ランキングの高いスクールの学部長はまったくの仏頂面です。社会的に偉くなればなるほど愛想がなくなる、という仮説が一応のところ確かめられたといえるでしょう。

組織の中で出世していったり、社長なら会社の規模が大きくなっていったりすることは、まことに喜ばしいことです。

けれども、自分が偉くなっていくということは、それだけ「イヤな人間の顔」になっていっているのかもしれない、ということは肝に銘じておかなければなりません。

愛想よく振るまう必要がなくなればなくなるほど人は日常生活の中で笑わなくなり、表情が

乏しくなっていきます。偉い人になるほど仏頂面になってしまうのです。

意識的に愛想よく振るまうようにしてバランスを取らないと、本当にイヤな顔になってしまいますので、気をつけてください。

46 職場の生産性を上げる方法

ビジネス書を読んでいると、「従業員を幸せにする会社ほど、生産性が高い」ということが書かれています。

なんとなく、「そうなのだろうな」とは思いますが、現実にきちんとした裏付けはあるのでしょうか。心理学者は、こういうときに、必ず実験をして確認します。

イギリスにあるウォーリック大学のアンドリュー・オズワルドは、「幸せな気分のときに、本当に生産性が高まるのか」を確認するための実験を、何度もくり返しました。参加者はのべ700人を超えます。楽しい気分にさせるために、オズワルドは第1実験と第2実験では、「コメディアンのビデオ」を使いました。コメディアンのビデオを10分間見せてから、2桁の数字を5つ足し算する（31＋51＋14＋44＋87＝？）という単純な計算作業をやらせてみたのです。

この実験では、できるだけ早く、できるだけたくさん解くことが求められました。正解すると1問につき、0・25ユーロが支払われることになっていたので、参加者は真剣に取り組んでくれました。これで生産性を測定してみたわけです。

その結果、コメディアンのビデオで大笑いした後には、たしかに生産性は上がっていました。「楽しい気分を与えてやれば、生産性は上がる」ということは、本当のことだったのです。

オズワルドはさらに、果物やチョコレートを食べさせることで幸せな気分にさせたときはどうなるのかも実験しました（第３実験）。このときにもやはり、生産性は上がりました。

お笑い映画を見せようが、おいしいものを食べさせようが、幸せな気分にさせるやり方はどうでもよいようです。**どんな形であれ、「楽しいなあ」「幸せだなあ」という気持ちにさせることができれば、生産性は12％ほど高くなる**、ということをオズワルドは突き止めました。

もし私が会社の経営者であれば、従業員を楽しませることを第一に考えるでしょう。従業員が楽しく仕事をしてくれれば、生産性は上がるからです。「みんな手を抜くな！」とか「真剣にやれ！」とハッパをかけなくとも、楽しい気分にさせることができれば、生産性は自然に上がります。

たとえば月曜から金曜まで、遅刻をせずに出社した人には、毎日１枚ずつトランプのカードを引かせるのもよいでしょう。

月曜から金曜まで１日も遅刻も欠勤もしなければ、５枚のカードが手に入ります。その手持ちのカードでポーカーを行い、一番高い役の従業員にはボーナスが出る、という楽しい取り組みをしたところ、従業員の遅刻や欠勤率を下げることができて、しかも生産性もアップしたという論文もあります。

どうせ仕事をするのなら、みんなで和気あいあいと楽しい気分でやりたいものです。そういう雰囲気づくりをしてくれる上司や社長の下でなら、従業員は一生懸命に仕事をしてくれるのです。

47 社員の一体感を高める簡単な方法

職場でのラジオ体操は、取り入れたほうがいいでしょう。一緒に動きを合わせれば、社員の一体感が高まり、絆が強化されます。毎朝ほんの10分程度の時間を使うだけで「社内の和」が生まれるのですから、すぐに始めていただきたいと思います。

軍隊や教会、コミュニティなどで、一緒に歌を歌ったり踊ったり、行進したりするのはなぜでしょうか。その理由は、このような活動が〝シンクロニー（同調傾向）〟を高めて、メンバーとの心理的な絆を強める働きをするからです。

「一緒に何かすると、私たちはとても仲良くなれる」ということを、昔の人たちは経験的に知っていたのかもしれません。

米国スタンフォード大学のスコット・ウィルターマスは、3人組のグループをいくつか作らせ、キャンパスの周囲を歩いてもらう、という和やかな実験をしたことがあります。ただし、あるグループには「手の振りや、歩調などを合わせて歩いてきて」とお願いして、残りのグループには「3人で普通に歩いてきて」と伝えました。

散歩が終わったところで、それぞれのグループに、協力して行うゲームをしてもらいました。するると、歩調を合わせて歩いたグループのほうが、協力が増えることがわかりました。歩調を合わせて歩いていると、シンクロニーが高まり互いに協力するようになったのです。

次にウィルターマスは、それぞれのグループに一緒に歌を歌ってもらいました。それでもやはり、歩調を合わせて歩いたグループではより協力行動が見られました。私たちは、どうやら同じ動作をしていれば、一体感が高まるみたいです。

ラジオ体操では、まさにみんなで同じ動作をします。ウィルターマスの実験で見られたように、協力行動が増えることが予想されるのです。

「どうも、うちのチームはみんなギスギスしている」

「うちの社員は、お互いに挨拶もしない」

「普段、うちの職場は静まり返っていて、ほとんど会話もない」

もし、そんな悩みを抱えているのなら、だまされたと思って朝のラジオ体操を取り入れてみてください。最初は、みんなイヤイヤ行うかもしれません。でも、そのうち一緒に身体を動かすことが楽しくなり、仲間意識も芽生えてきます。よい影響があるのです。

もし社歌があるのなら、みんなで歌うのもいいと思います。そうやって同じ行動を取っていれば、間違いなく仲良くなれます。

48 リーダーは社交的である必要はない

みんなでリーダーを決めようというとき、たいていの場合、積極的で、社交的で、率先してよくしゃべる人が選ばれます。

そういう人のほうが、「リーダーっぽい」と感じられるためです。「リーダーシップ」という言葉は「指導力」などと訳されますが、みんなをグイグイ引っ張っていくようなパワフルな人間ほど、リーダーらしいと思われやすいのです。内気であまり自分からは話さない人や謙虚な人は、あまりリーダーに選ばれません。

神経質で細かいことばかり気にする人も、やはりリーダーに選ばれません。大雑把というか、大胆な人のほうがリーダーらしく思われるからでしょう。

米国カリフォルニア州立大学のコリーン・ベンダースキが、ＭＢＡコースの受講者２２７人に４人から６人でグループを作らせ、数カ月かかる課題を与えたときもそうでした。

お互いに面識のない人同士でグループを作らせて経過を観察すると、第１週目には社交的な人ほど、メンバーから「あの人はリーダーに向いている」という評価を受けました。最初はおしゃべりな人がリーダーになりやすかったのです。

ところが、10週目になるとメンバーからの評価は変わりました。なんと、社交的な人の評価が下がって、神経質な人の評価が逆に上がっていたのです。なぜこのような評価の逆転現象が起きたのでしょうか。

ベンダースキが分析したところ、社交的な人は威勢のよいことは口にするくせに、思ったほどグループに貢献していないということが、メンバーに次第にバレてくるのです。「あいつって口だけだよな」と馬脚をあらわしてしまい、どんどん評価が下がります。

だいたい10週間も一緒に課題をやっていれば、「口先だけの人間」かどうかはわかってきます。そのため社交的な人は最初こそよい印象を与えますが、そのうちに評価は悪くなるのです。

その点、神経質な人は細かいことを気にするので、最初はメンバーたちから「面倒くさいヤツ」と思われがちです。

けれども一緒に課題に取り組んでいると、思った以上に頑張ってくれるということがわかり、グループ内での評価が高くなるのです。

「私は、どちらかというと口下手だし、小さなことばかり気にして大きな考えもできないから、リーダーには向いていない」と感じている人もいることでしょう。

そういう人はたしかに最初は印象があまりよくないかもしれません。けれども、**小さなこと**

を気にしてしっかりやっていれば、そのうちに他のメンバーにも自分のよさがわかってもらえるはずです。自分はリーダーに不向きだなどと考える必要はありません。

同じことは内気な人にもいえます。内気な人は、あまり積極的に前に出ていくわけではないので、どうしても最初はそんなによいイメージを与えないかもしれません。けれどもそうした人のよさは次第にわかってもらえます。

あせってよいところを見せようとしなくても大丈夫なのです。

49　誰かに指示を出すときのテクニック

誰かに何かの指示を出すときには、きちんと相手が自分のほうに顔を向けてからにしましょう。相手がそっぽを向いているときに指示などしても、聞いてもらえないからです。

たとえば、テレビゲームをしている子どもに向かって、「さっさとお風呂に入りなさい」と言うとします。子どもはテレビの画面を見ながら、「は〜い」と返事をするかもしれません。けれども、きちんと目を合わせていない状況で指示を出しても、残念ながら子どもはお風呂に入ってくれないでしょう。しばらく時間が経ってから、もう一度「さっさとお風呂に入りなさい」と言うことになると予想されます。これでは、二度手間です。

オフィスで指示を出すときも同じです。相手がパソコンの画面に目を落としているときに、後ろから「○○してくれない？」とお願いしても、おそらくはやってくれないと思います。

私が上司なら、まずは「○○さん」と声をかけます。そして、相手がしっかりと自分のほうに顔を向けてから「悪いんだが、○○してくれないかな」とお願いするでしょう。そのほうが、お願いした作業をやってくれる可能性は大幅にアップするはずです。

米国ペンシルベニア州にあるテンプル大学のキャロリン・ハムレットは、「目を合わせることで、相手は従ってくれる」という論文を発表しています。アイコンタクトは、相手からの服従を引き出すのにきわめて有効なテクニックなのです。ハムレットは先生の言うことを聞かない問題児2人（ネイサンとジェシカ）を対象に、ある実験を試みました。

先生が「座って」「正面を見て」「鉛筆を置いて」など、クラスの生徒に向かって指示を出す際、ネイサンは30％、ジェシカは20％の割合でしか言うことを聞きませんでした。

そこでハムレットは先生に、「名前を呼びかけて2秒以内に目を合わせてくれたら、そこで指示を出すようにしてください」とテクニックを教えました。「もし2秒以内に目を合わせてくれないようなら、もう一度『ネイサン！』と名前を呼び、『先生の顔を見て』と促してから指示を出すようにしてください」とも念を押し、実行してもらいました。すると、ネイサンとジェシカが指示に従う割合は、それぞれ70％、60％になりました。

アイコンタクトをしてから指示を出す、という方法はとても効果的です。

「どうも、みんな私の言うことを聞いてくれない」という人は、アイコンタクトをすればよいのです。相手がそっぽを向いているのでは、どんな指示を出しても聞いてもらえません。

言うことを聞いてほしいのなら、まずはしっかりとアイコンタクトです。この原理を覚えておくだけで、誰にでもお願いを聞いてもらえるようになると思います。

50 部下を伸ばす指導のコツ

部下を指導するときには、アドバイスをしたり、しなかったりとバラッキがあるのはよくありません。毎回、気づいた点を必ず伝えてあげる必要があります。そのほうが部下は能力をぐんぐん伸ばしていきます。

自分が気づいたことを、相手に伝える作業を「フィードバック」というのですが、フィードバックはできるだけ毎回やってあげることが重要なポイントなのです。部下の仕事のやり方の間違いに気づいても、5回に1回しかフィードバックしないのでは、部下はなかなか改めることはできません。面倒くさいと思うかもしれませんが、毎回、きちんとフィードバックを伝えたほうが、部下も早く改善でき、こちらの指導を必要としなくなる日がくるのも早まるのです。

ただフィードバックをまとめてやろうとするのも、あまりよくありません。

1週間分のフィードバックをまとめて伝えるとか、1カ月分をまとめてする、というのではダメです。気づいたときには、すぐにフィードバックです。この原則を覚えておきましょう。

フィンランドにあるユヴァスキュラ大学のカイス・モノネンは、ライフル射撃の競技経験のない人を58人集めて、ライフル射撃を教えました。射撃の精度、安定性、姿勢のバランスなどを58人に教えていくのですが、その際に、2つのグループに分けました。2つのグループのフィードバックは次のように決めました。ひとつは毎回フィードバックする。もうひとつは2回に1回フィードバックする。訓練は4週間にわたって続けられたのですが、ライフル射撃の技術の向上が大きく見られたのは、「毎回フィードバックを受ける」グループでした。

フィードバックを、たくさん受けたほうが上達が早いことが研究から明らかになりました。

学校の先生も同じで、生徒を伸ばすのがうまい先生は、ちょこちょこと細かく助言します。跳び箱を教えるときにも、「できるだけ跳び箱の奥のほうに手をついて！」「踏み台のところで止まらないで！」「目線は遠くに置いて！」などと細かくフィードバックすることで、子どもも簡単に跳び箱が跳べるようになるのです。

フィードバックというものは、したりしなかったりではなく、必ず毎回やったほうがいいのです。部下や後輩に仕事を教えるときには、できるだけ毎回教えてあげる、という気持ちを持って指導を行いましょう。そのほうが、上達の度合いも大きいでしょうし、みなさん自身が上司としての評価も高まることはいうまでもありません。

51 勤め先の上手な選び方

これから就職活動をしようとしている学生、あるいは転職を考えている人がいるとしたら、「とにかく職場の人間関係で選ぶ」ということを心がけてください。

お給料が高いだの低いだの、福利厚生が充実しているだのしていないだの、といったことは、ささいな問題にすぎません。そういうことで勤め先を選ぶと、とんでもない目に遭ってしまいます。職務満足度というものは、どうやって決まるのでしょうか。

仕事にやりがいがあるとか、給料が高いということではありません。実は、職場の人間関係で決まるのです。どんなに高い給料をもらっていたとしても、職場の人間関係がギスギスしていたら、毎日が針の筵《むしろ》に座らされているようなもの。「おはようございます」と挨拶しても、誰も挨拶を返してくれなくて、話しかけても冷たい視線を向けられるような職場で働いていたら、たとえ給料がよくても、精神的にまいってしまうと思いませんか。

米国ノースカロライナ大学のスティーブン・ローゲルバーグは、営利、非営利を含むさまざまな組織での職務満足度を調べているのですが、上司との関係が良好とか、同僚がやさしいとか、かわいい後輩がいるといったことで、満足度が決まることを明らかにしています。

結局、人間関係さえうまくいっていれば、私たちは仕事も満足できるのです。

気持ちのよい人たちに囲まれて仕事ができるのなら、たとえどんなに退屈な仕事でも、面白くできるものなのです。あるポテトチップス工場で働く女性作業員は、流れ作業の製造ラインで働いているのですが、毎日、楽しみながら仕事をしているそうです。流れ作業ですから、お世辞にも面白い仕事ではなさそうに思えますが、どうして楽しいのかおわかりになりますか。

実は、この工場で働く女性作業員たちは、有名人の顔に似たチップスを見つけることに楽しみを見出していて、「ねぇねぇ、これって、◯◯に似てない？」とワイワイおしゃべりしながら仕事をしているのです。だから退屈な仕事も楽しめるのです。このエピソードは、カナダにあるカルガリー大学ビジネススクールのピアーズ・スティールが、その著書『ヒトはなぜ先延ばしをしてしまうのか』の中で紹介しているものですが、心理学的にもまさにそうだろうと思えるものです。

会社のブランドイメージがよいとか、知名度があるとか、そういうことで勤め先を選ぶと、あとでものすごく後悔することになりますし、人間関係での相性というか、肌が合わなかったりすると、どうせすぐに辞めることになります。勤め先を選ぶときには、とにかく最初から人間関係を最重要ポイントとして、自分とうまくやっていけそうな人たちばかりなのかを確認しておくことが大切でしょう。

52 やさしく教えるべきか、厳しく教えるべきか

教育関係の本を読むと、必ずといってよいほど「ホメて伸ばす」というアドバイスが載っています。

たしかにそれは間違いではありませんが、細かくいうと「半分だけ正解」が事実です。相手が初学者であれば、どんどんホメてあげるのがよいでしょう。そのほうがやる気も出てくるからです。「ホメて伸ばす」というのは、あくまでも相手が初学者のときだけです。

教える相手が上級者になると、自分の弱い部分を修正して、さらに成長したい、という気持ちが強くなってきます。そのため上級者に対しては、厳しい批判や細かい注文を付けてあげたほうが、むしろ喜ばれるのです。

米国ニューヨーク州にあるコロンビア大学のステイシー・フィンケルスタインは、フランス語の初級クラス（簡単な会話と文法を学ぶ）を履修している学生と、フランス語の上級クラス（フランスの古典文学を読み、論文をフランス語で書く）を履修している学生に対して、「あなたは、ホメてくれる先生と、ビシビシ指導してくれる厳しい先生にそれぞれ何点を付けます

■図表⑦ 先生に対する点数

	初級クラスの学生	上級クラスの学生
ホメてくれる先生	4.96点	4.25点
厳しい指摘をしてくれる先生	4.92点	5.45点

※数値は7点満点。7点に近いほど「満足度が高い」ことを示す

（Finkelstein, S. R., & Fishbach, A. 2012より）


か？　７点満点で答えてください」と質問してみました。

　すると、上の図表⑦のような結果になったそうです。数値をご覧いただければ明らかなように、初級クラスの学生は、ホメてくれる先生に高い点数を付けました。あまり厳しくしてほしくはないようです。

　ところが、上級クラスの学生は、自分のダメなところもビシビシ指導してほしいと考えていました。「そんなにホメてくれなくてもいいから、どうすればもっと自分のスキルが上達するのかを指摘してほしい」という気持ちのほうが強いのです。

　部下の指導法の本などを読んで、「なるほど、部下はホメて伸ばすのか」と短絡的に考えてはいけません。

　もちろん、新入社員や右も左もわからないような部下には、やさしく指導してあげたほうが喜ばれるでしょう。けれども**ある程度のスキルや知識を身に付けた部下であれば、「ホメて伸ばす」などと甘っちょろいことを言っていないで、ビシビシ指導してあげたほうが、かえって喜ばれる**ものなのです。

53 仕事の「ガン」となる会議

どんな業界でも、どんな業種の会社であっても、会社であるかぎり、避けられないものがあります。それは、会議です。会議のない会社は存在しません。

なぜなら、２人以上の人が集まれば、どうしても意見のすり合わせや集約が絶対的に必要になるからです。集団で機能することが求められる会社組織においては、どうしても会議が避けられないのです。しかも悪いことに、この会議というものは、嫌われているのが実情です。

米国ハーバード・ビジネス・スクールのレスリー・パーロウは、さまざまな企業のシニア・マネジャー１８２人を対象に調査を行って、次のような事実を導いています。

○65％は、会議のせいで自分の仕事が終わらないとこぼしている
○71％は、会議は非生産的で、非効率だと不満を述べている
○64％は、仕事のせいで本来考えなければならないことを考えられないと答えている
○62％は、会議のせいで他の人と親密になるための時間が奪われていると答えている

どうにも会議の評判は悪いです。どの調査対象者も、会議と聞くと口をそろえて口汚く罵っています。会議はやらずにすませられるのなら、やらずにすませたほうがよいのかもしれません。なにしろ、誰も会議を望んでいませんん。「私は、会議に参加するのが大好き！」という人も、広い世の中を探せばいるのかもしれませんが、おそらくは例外的な人でしょう。

では、その評判の悪い会議をどうすればよいのかというと、あらかじめ参加者全員に議題や課題を渡しておき、それぞれに意見を持ち寄ってもらうのです。その場で、うんうん唸《うな》りながら考えてもらうのではなく、あらかじめ意見を持ってきてもらって、会議では決を採るだけ、という形にしておけば、時間は短くてすみます。

嫌な時間は、できるだけ早くすませたほうがよいに決まっていますから、会議の時間を1時間も2時間もとるのではなく、もう15分とか、30分と決めてしまうのもよいアイデアです。

30分が経過したら強制的に会議を打ち切る、というルールにしておけば、参加者たちもまだ救われるのではないでしょうか。終わりの見えない会議を延々と続けられると、人はうんざりしてしまいます。これでは他の仕事にも悪い影響をもたらすに決まっています。そうならないための工夫の必要があります。

54
お客さんの注文は、そのまま復唱したほうがいい

みなさんが飲食店のオーナーであるなら、店員には、お客さんの注文はそのままくり返しなさい、と指導しましょう。お客さんの言葉を言い換えてはいけません。同じ言葉をくり返させましょう。**私たちは、自分と違う言葉を使う人に対しては嫌悪感や違和感を覚えやすい**のです。

たとえば、次はダメな例です。

「すみません、おヒヤのおかわりもらえますか？」
「はい、お水ですね。すぐにお持ちします」
「この商品、お持ち帰りでお願いします」
「はい、テイクアウトおひとつですね」

お客さんが「おヒヤ」といっているのですから、そのまま「おヒヤ」とくり返せばよく、わざわざ言い換える必要はありません。「お持ち帰り」と言っているものを、「テイクアウト」と言い換えるのも大きな間違いです。なぜなら、お客さんをムッとさせてしまうからです。

この原理は、オランダにあるラドバウド大学のリック・ファンバーレンによっても実験的に

確認されています。ファンバーレンは、とあるレストランに実験協力をしてもらって、店員がお客さんの注文を復唱するときに、言い方を変えてみたのです。

オランダ語では、フライドポテトを「フリット」と呼ぶのですが、お客さんから注文を受けたとき、ある条件では「はい、フリットですね」と復唱しました。

ところが、別のお客さんに対しては、「フリット」の注文を受けたとき、まったく同じ意味なのですが、同じ言い方である「パタット」というオランダ語を使って、「はい、パタットですね」と復唱させてみたのです。するとどうでしょう、お客さんと同じ言葉を使ったときのほうが、お客さまからもらえるチップが140％も多かったのです。これは、レストランでの注文に限らず、基本的には、相手が使っている言葉をそのままこちらも使うようにするのが、優れた心理作戦です。

たとえば、打ち合わせをするとき、相手によっては、「プレゼンテーション」のことを「プレゼン」と呼ぶかもしれません。そんなときには、相手が使っている言葉を、こちらも使うようにするのがベターです。業界や、業種によって、同じことをいうにも表現が微妙に違ったりするので、そんな場合には、とにかく相手に合わせるのがよい、ということを思い出してください。

55

人付き合いが苦手な人に向いている職業

就職面接でコミュニケーション能力が重視されるように、誰にでも人当たりよくお付き合いすることは、どんな職業でも必要なことだといわれています。「笑う門には福来る」という言葉もありますし、中国には、「笑顔を見せられない人間は商売をやってはいけない」という意味のことわざもあるそうです。

とはいえ、もともと性格的に内気で、社交的に振るまうことができない人は、世の中にはいくらでもいるでしょう。そういう人は、仕事で成功することはできないのでしょうか。

いえいえ、そんなことはありませんのでご安心ください。世の中には、「人付き合いが苦手」という人のほうが、成功する見込みの高い仕事というのがちゃんとあります。

イスラエルにあるインターディシプリナリー・センターのツァチ・アインドールは、プロスポーツの世界では、孤独に耐えることができ、自分の力だけを信じて黙々と練習する人ほど成功するのではないかと考えました。つまりは、社交的「でない」人間のほうが、うまくいくに違いない、と考えたのです。

そこで、イスラエルのプロシングルテニスプレーヤー男性40人、女性18人に調査をしました。彼らのプロ選手としてのキャリアは平均して5・8年でした。

アインドールは、彼らにどれくらい人嫌いなのかを教えてもらう一方で、調査開始から1カ月後、2カ月後、8カ月後、1年後、1年4カ月後まで追跡調査をして、彼らの公式ランキングを調べてみました。

その結果、**「人嫌い」の度合いが強いプロ選手ほど、ランキングは高くなるという明確な傾向が得られた**のです。人嫌いの人は、他の人と交流などせず、ひたすら練習に明け暮れます。そのため、ランキングも高くなるのでしょう。

人嫌いが成功するのは、スポーツの世界だけではありません。アインドールは、コンピュータ・サイエンスの世界も、やはり人嫌いのほうが成功しやすいということを突き止めています。

コンピュータ・サイエンス業界で成功するためには、スポーツ選手と同じように、**1人で黙々と作業をすることが求められます。こういう職種では、人嫌いが有利に働く**のです。

付き合いが苦手で、よそよそしい人、冷たいと思われている人は、たしかに多くの職業では不利なことがあるかもしれません。けれども、あらゆる職業で成功しないかといえば、そんなことはありません。「人嫌いなほうが向いている職業」というのもちゃんとあるわけですから、そういう道に進めばよいのです。

56 女性のリーダーは孤立しやすい

女性は、女性同士で固まるのが大好きです。ランチを食べるときにも、みんなで集まって食べようとしますし、トイレにも連れ立って行ったりします。

一般に女性にはみなそういうところがあるのですが、不思議なことに、ある特定の女性だけは、あえて女性のグループと自分との距離をとろうとすることがわかっています。

では、どういう人が他の女性から距離をとろうとするのかというと、リーダーになった女性です。こういう女性は、他の女性と自分との間に一線を画そうとするのです。

オランダにあるユトレヒト大学のベル・ダークスは、こういう現象のことを**「女王バチ現象」**と呼んでいます。ダークスによると、女性のCEOや組織のリーダーは、他の女性と行動しようとしません。あえて距離をとろうとするそうです。なぜかというと、**リーダーになった女性は、男性的な役割を任う必要が出てくるため、「馴れ合い」を避けようとする**からです。

もともと女性は、誰に対しても、温和で、やさしく、親しみを持って接するものですが、リーダーになると、そうそう「仏の顔」ばかりを見せるわけにもいきません。男性のように、厳しいことも言わなければならないこともあるでしょうし、心を鬼にする必要も出てきます。嫌われる覚悟もしなければなりません。

そんなわけで、女性がリーダーになると、それまでのやさしい自分を押し殺して、女王バチのように振る舞わなければならなくなります。けれども、考えてみると、それは男性でも同じです。男性だって、それまでは他の同僚たちと親しく交わっていたのに、昇進して地位が上がり、かつての同僚たちを部下として扱わなければならなくなったら、以前と同じような付き合い方はできなくなるものです。上司としては、イヤなことも命じなければならなくなります。

つまり、男性だって、リーダーになったら、かつての同僚とは距離をとって、女王バチにならざるを得ないのではないかと思います。他の同僚たちとギスギスした関係になることもあるかもしれません。そのため他の人と距離をとるのがイヤで、「出世なんかしたくない」という人も最近では増えているという話を聞いたこともあります。

「地位が人を作る」という言葉もありますが、地位が上がると、どうしても自分を変える必要があります。他の人と、距離をとらざるを得ないこともあるでしょう。かつての親友でさえ、親しく付き合っていると、「あいつだけエコヒイキしている」と周囲の人たちに言われかねませんから、他の人と同じように、等距離での付き合いをしなければならなくなります。出世・昇進するのも、意外に面倒くさかったりするのです。

57 女性の社会進出による意外な弊害とは

アメリカでは過去30年から40年ほどで、女性の地位、権利、生活がものすごく改善されてきました。これはどんな指標を取ってみても明らかです。

かつての女性は非常に弱い立場にあり、男性に比べるとあまり権利も認められていませんでした。この何十年かの間に、女性はどんどん社会進出を果たし、以前とは比べものにならないほどの権利を手に入れたのです。

普通に考えれば、女性の地位、権利がどんどん向上していったのですから、それに合わせて女性は幸福になっていってもいいはずです。不満を感じる原因がひとつ、またひとつと取り除かれていったのですから、幸福度もどんどん高まりそうなものです。

けれども、米国ペンシルベニア大学のベッツィ・スティーブンソンが調べたところ、１９７０年代の女性のほうが、２０００年代の女性よりはるかに幸せを感じていたことがわかりました。**女性の感じる幸福度は、調査期間の30年ほどの間にみるみる落ちていた**のです。

なぜ、こんなことになるのでしょうか。スティーブンソンによれば、「女性が男性化してきたこと」が理由のひとつとして考えられるそうです。

もともと幸福度の調査をするとはっきりと男女差が現れることがわかっています。たいていの場合、男性の幸福度は女性に比べてものすごく低いのです。

女性は社会に出るようになって、男性と同じように仕事でストレスを感じるようになり、出世や給料について悩んだりすることも増えました。仕事や地位に関しては、男性とほとんど同じ権利を手に入れたわけですが、その結果、**幸福度に関しても男女差がなくなったのだと考えられる**のです。

「男性と同じ仕事をしたい！」という女性の願いがかなって、男性と同じ仕事がどんどんできるようになってきているわけですが、「男性と同じストレス」も同時に感じるようになったわけですから、なんとも皮肉なことだといえなくもありません。

それにまた、人間というものは、ひとつの不満が解消されるとすぐに新しい不満のタネを見つけるのが普通ですから、いつまでたっても根本的に不満が解消されることなどないのかもしれません。いつまでも不満はなくならないだろうな、と思っていたほうが、いちいち小さなことで腹が立たなくて済む、ということもあるでしょう。

58 ナースの職場ではいじめが多い？

ナースには「天使」のイメージがあります。ナースはみんなやさしくて、患者にとても親切にしてくれる、というように思っている人も多いでしょう。

けれども、ナースの世界にも他の職場と同じように、いえ、それ以上に「職場いじめが蔓延している」と聞くと、読者のみなさんは驚かれるでしょう。

イギリスにあるケント大学のリン・クイーンは、ナースの世界の職場いじめについての調査を行っています。クイーンは、１１００人の医療従事者を対象にした調査を行い、「過去12カ月以内にいじめを受けたことがありますか？」と聞いてみました。

すると、「ある」と答えたナースは、なんと44％もいました。半数には至りませんが、それに近い数のナースが、「私はいじめを受けたことがある」というのです。さらに、「他の人がいじめを受けているのを目撃したことがある」と答えたナースは50％もいました。

ちなみに、セラピストとか、医者とか、病院のスタッフとか、ナース以外の医療従事者では、過去12カ月以内にいじめを受けたことがあると答えた人は35％でした。

ナースに多いいじめの内容は、

○人格を否定するようなことを言われる
○イヤなジョークを言われる
○仕事に必要な情報をわざと教えてもらえない
○どうあがいても達成不可能な目標を押し付けられる
○プレッシャーが強い

といったものでした。もともといじめに「明るいいじめ」などはありませんが、ナースの世界のいじめはとても陰湿な感じがするものが多く見られたのです。

では、なぜナースの世界でいじめが多いのかというと、「忙しすぎるから」というのが理由のひとつでしょう。もともと性格のやさしいナースでも、**仕事に追いまくられていれば精神的にキリキリしてくるでしょうし、ストレスが溜まれば、誰かにそのストレスをぶつけたくなる**のも納得できます。

いじめは絶対に許されることではありませんが、ナースといえども人の子です。精神的にキリキリしていれば、他の人をいじめてうっぷん晴らしをしてしまうのかもしれません。

第３章　職場における心理学研究

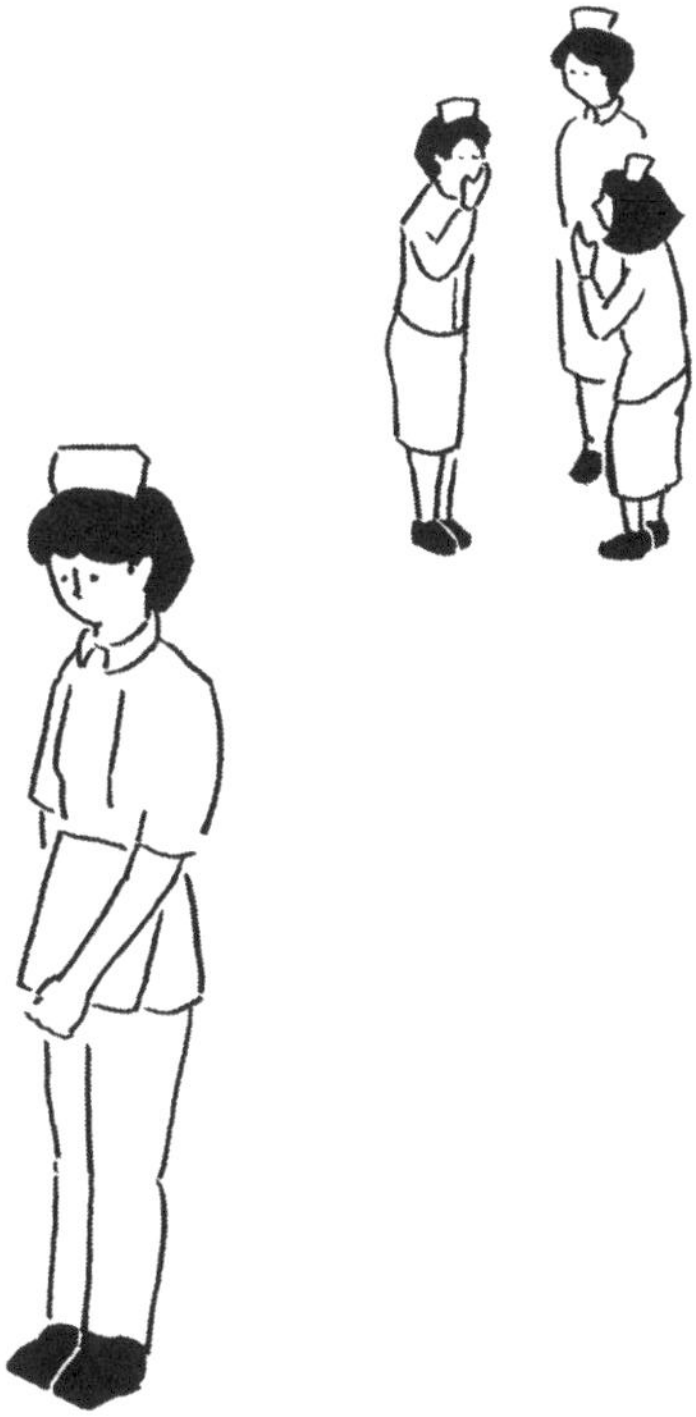

59 女性が多い職場では、恋人がいる人が少ない

女性は、男性に比べると恋愛に淡白な人が多いといわれています。

最近の男性は、「草食系」などといわれ、女性と同じように、恋愛に淡白な人も多いようですが、基本的に男性のほうが、恋愛に対して貪欲ですし、ガツガツしているものです。

特に若い男性はそうでしょう。

たとえば女性がたくさんいる職場だと、恋人のいる女性が少ない傾向があります。周りのみんなも自分と同じように恋人がいないので、気にならなくなるのかもしれません。

女性は、自分からはあまり、「いい男はいないかな」と探したりはしないので、男性と出会う接点が少なくなると、当然、恋人もできなくなるわけです。

米国ノースカロライナ大学のジェレミー・ウェッカーは、2001年から2002年の全米の4年制大学入学ハンドブックで、それぞれの大学の男女比を調べました。そして、その中から1000人を選んで、恋人の有無などを尋ねてみたのです。すると、女性が多い大学ほど、ボーイフレンドの数が少なく、デートをする回数も少なくて、恋人がいる人も少ないことがわ

かりました。女性が多い大学では、あまり恋愛は盛んにはならないようです。

ウェッカーは、女性が多いところでは、「ベアマーケット」になりやすい傾向があると指摘しています。ベアマーケットというのは、株の用語で、弱気相場や、下げ相場という意味です。女性が多いと、恋愛に対して奥手になってしまう人が増えてしまうということです。

男性のほうがたくさんいて、女性の数が少なければ、その女性は取り合いになります。つまり、その女性はものすごくモテることになります。これはなんとなく想像がつきます。

ところが、女性が多く、男性の数が少ないと、その男性がすごくモテるのかというと、そういうことにはなりません。女性は男性の取り合いをしようという気持ちにならないからです。

もともと女子大や短大で今は共学になった大学に入学すれば、女性の数が多くて、モテるかもしれないと考えて進学する男性がいるかもしれません。しかし、それは浅はかな考えで、まったくモテないことも覚悟しなければなりません。


就職でも、アパレル業界はなんとなく女性が多そうだという考えで就職すると、たしかに職場に女性は多いかもしれませんが、びっくりするくらいモテなくて困ったことになるでしょう。

女性は自分から相手に言い寄るということをあまりしないので、女性とお付き合いしたいのなら、男性からどんどんアプローチしなければなりません。そうしないとなかなか彼女を作れないでしょう。

第4章

他者・対人関係の心理学研究

60 質問をたくさんすると初対面の人に好かれる

初対面の人と会うときには、あらかじめ質問をたくさん用意しておくといいでしょう。
「ご兄弟、ご姉妹は？」「趣味は？」「週末にしていることは？」「好きな異性のタイプは？」などなど、いろいろ尋ねることです。

なぜかというと、**初対面の人には質問すればするほど、それだけ好かれる**からです。

こちらが質問すれば、相手は当然その分話すことになります。そして、相手は話せば話すほど、こちらのことを「聞き上手だな」とか「理解力がある人だな」と感じやすくなるのです。

米国マサチューセッツ州にあるハーバード大学のカレン・ファンは、互いに面識のない398人に、199組のペアを作らせました。そして、「お互いによく知り合うことが目的です」と伝え、15分間自由におしゃべりさせたのです。

ただし、ランダムに選んだペアの一人には、次のどちらかの指示を出しておきました。

「少なくとも9つの質問を自分からしてあげてください」

「自分からする質問は、多くとも4つまでにしてください」

■ 図表⑧ 相手に対する好意の点数

	相手からの好意
たくさん質問した人	5.79点
質問を控えた人	5.31点

※数値は7点満点。7点に近いほど「相手から好意を抱かれている」ことを示す

（Huang, K., Yeomans, M., Brooks, A. W., Minson, J., & Gino, F. 2017より）

15分間のおしゃべりが終わったところで、ペアで何も指示されなかった人に、相手に対する好意を7点満点で尋ねてみました。すると、上の図表⑧のような結果になったのです。この数値の差には、統計的に意味がありました。たくさん質問するほど、相手に好かれやすくなることがわかったのです。

人に好かれることは、そんなに難しくありません。最初に自分からちょっとだけ質問して水を向ければ、後は相手が勝手にしゃべってくれます。さらに、相づちを打ったり、会話を広げたりすれば、それだけで相手に好かれます。

「聞き上手ほど好かれる」というのは本当のことです。

そうはいっても、こちらから何も言わなければ、相手だって話すことができません。

ただ黙っていることが、聞き上手ではないのです。

「聞き上手になる」ということは、結局のところ、「質問上手になる」ということだといえます。

質問するときのコツは、できるだけ「はい」「いいえ」では答えられない、回答の自由度が高い聞き方をすることです。

「はい」「いいえ」で答えられたら、会話がすぐに終わってしまいます。

「映画を見に行きますか?」ではなく「どんな映画が好きなんですか?」と聞いたほうが、質問としてはいいわけです。

61 人とすぐに仲良くなる方法

お互いに共通の人を嫌っていると、なぜか親近感が湧いて、その人との仲がより深くなるようです。

「敵の敵は友」という言葉があります。

会社でも、イヤな上司がいると部下の連帯感が強化されることがあります。上司が共通の敵となってくれるので、部下同士がとても仲良くなれるのです。だとすれば、上司がイヤなヤツであることはそんなに悪いことではないのかもしれません（笑）。

米国オクラホマ大学のジェニファー・ボッソンは、大学生に「人生で最初にできた親友」について思い出してもらいました。それから、その人生初の親友との関係において、「お互いが共通して嫌いだったことや人物」あるいは、「お互いが共通して好きだったことや人物」について思い出してもらいました。

すると、お互いに嫌いだった同じ人の名前を挙げた大学生が16・33％もいたのに対して、お互いに好きだった同じ人の名前を挙げた大学生は、わずかに4・56％しかいなかったのです。

「私と◯◯ちゃんは、２人とも△△クンのことが大っ嫌いだったんだ」ということはよく思い出せるのに、共通して好きだった人のことはなかなか思い当たらなかったのです。

イヤな人がいるというのは、本当に苦しいことです。その人物について考えるだけで、気分が滅入ってきてしまうでしょう。

けれども、同じように「あいつが嫌い」という人を探してみてください。探せば、自分と同じようにその人物を嫌っている人は必ずいます。運よくそういう人に出会えれば、ものすごく仲良くなれるでしょう。


人と仲良くなりたいのなら、「共通の敵」を見つけるのはよいアイデアです。

お互いに、「私、あの人が苦手」「えっ、あなたも!? 実は私も」という流れになれば、すぐに親しくなれます。現実の世界で「共通の敵」を見つけるのが難しければ、有名人やタレントでもよいかもしれません。お互いに嫌いな俳優やお笑い芸人などが見つかれば、やはり同じように親近感が湧くでしょう。

私たちは、自分と似ている人や、共通点をたくさん持っている人には、ついつい心を許してしまうのです。自分と同じような境遇で悩んでいる人などが見つかれば、人生における無二の友人になれるかもしれません。

62 人と会うときは親指を立てよう

人と会うときには、親指を立てておくとよいでしょう。親指を立てるのは、「いいね！」のサインとして使われます。実は、指をその形にしておくと、相手に好意を持ちやすくなるのです。

たとえば、初めて会う人と打ち合わせをするとき、テーブルの下でこっそりと、この「いいね！」のサインを作ります。テーブルの上でもいいのですが、あまり堂々とやっていると、相手に気づかれてしまいます。さりげなく行ってください。

すると、相手のことを「そんなに悪くない人だ」とか「いや、むしろいい人だ」と感じるようになってくるはずです。少なくとも、嫌悪感は抱かなくなるのではないかと思います。

よくビジネス書には、「相手のことを好きになってあげなさい。それが人間関係のコツです」などと書かれています。それには、この「親指立て作戦」が効果的です。親指を立てて「いいね！」のサインを作っておけば、相手のことも「いいね！」と思えるようになってくるのです。

米国ミシガン大学のジェシー・チャンドラーは、実験参加者に「ドナルド」という男性について書かれたプロフィールを読ませて、「あなたはドナルドにどれくらい好意を感じるか？」と質問してみました。

ただし、あるグループにプロフィールを読ませるときは、親指を立てておいてもらいました。そして、残りのグループには、人差し指を立てた状態でプロフィールを読ませたのです。

すると、親指を立ててプロフィールを読んだグループでは、ドナルドに対して好意的な評価が増えました。人差し指を立てていたグループでは、そういったことはありませんでした。同じプロフィールを読んだのに不思議です。

また、チャンドラーは中指を立てながら参加者にドナルドのプロフィールを読ませる実験もしています。中指を立てて相手に見せつけるのは、「この野郎！」といったニュアンスのサインです。読者のみなさんも、米国の映画やドラマで見たことがあると思います。

中指を立てながらプロフィールを読んだ参加者は、ドナルドに対して敵意を感じやすくなることがわかりました。

人と会うときには、こっそり親指を立てましょう。もちろん、中指は立てないようにします。ほとんどの人はそんなことをしないと思いますが、念のため……。

63 人は何度も会うと魅力的に見えてくる

私たちは、同じ顔を何度も見ていると、その顔を好きになります。

もともとの顔立ちがそんなによくなくても、何度も顔を合わせていると、「そんなにおかしな顔の人でもないな」と思うようになりますし、さらに顔を合わせる頻度が多くなれば、「よくよく見れば、けっこう味のある顔をしているな」と、相手を好きになることすらあるのです。

「同じ顔を見れば見るほど、その人に好意を抱くようになる」という心理法則は、〝単純接触効果〟と呼ばれています。特に相手に対して自己アピールをしたり、好かれる努力をするわではないのに、（単純に）相手と接触しているだけで、好意が高まってしまうのです。

米国ペンシルベニア州にあるピッツバーグ大学のリチャード・モレランドは、4人の女性アシスタントを、「人格心理学」という講義のコースに出席させました。ただし、その女性たちは、他の学生とは一切の接触を禁じられていました。「話しかけられても無視するように」と言われていたのです。

彼女たちは、いつでも一番前の席に座り、他の学生からその存在がよくわかるようになって

■図表⑨ 女性アシスタント学生が講義に出席した回数

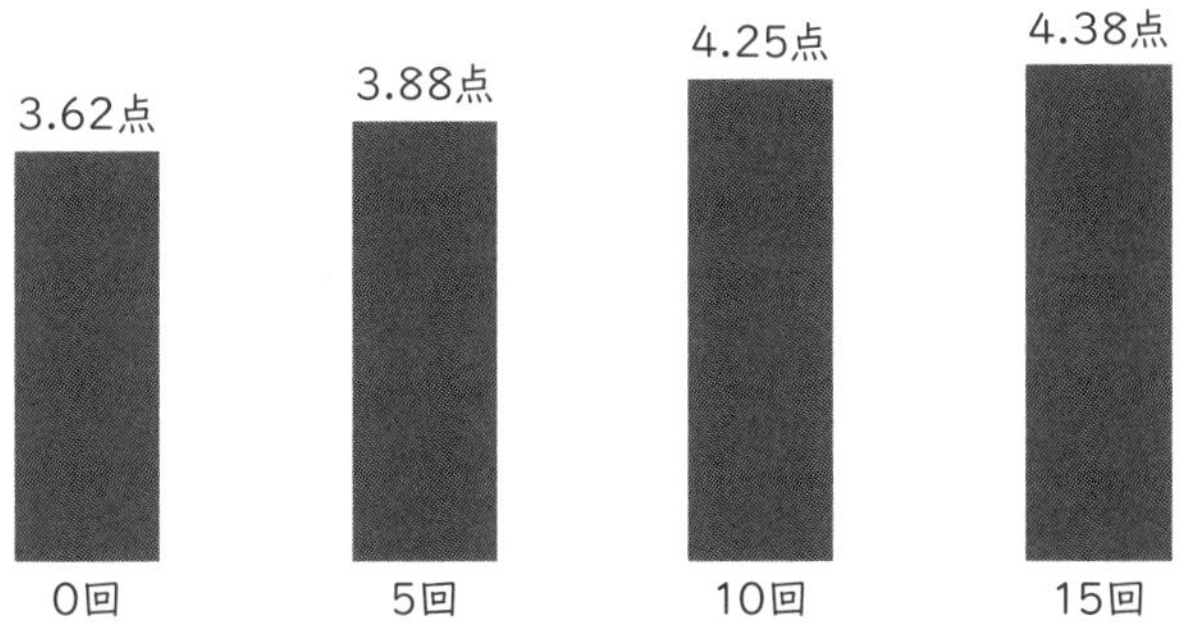

※数値は7点満点。7点に近いほど「魅力を感じさせた」ことを示す

（Moreland, R. L., & Beach, S. R. 1992より）

いました。ただし、4人は出席する回数だけが違いました。ある人は0回、ある人は5回、ある人は10回、ある人は15回全部の講義に出席して、自分の顔を他の学生に見せていたのです。

コースが終了するとき、クラスの学生たちは、4人の女性アシスタントについての魅力を尋ねられました。

上の図表⑨を見てください。その結果、出席する回数が多いほど、つまり、顔を見られる頻度が多かった女性ほど、学生たちに「魅力的」だと好感を与えていることがわかったのです。

何回顔を見せるかによって、相手に感じさせる魅力に差が出るかどうかを調べる実験でしたから、4人のアシスタントには、もともと外見的な魅力に差がない人たちを選びました。にもかかわらず、頻繁に顔を見せる人ほど、魅力を感じさせることが明らかにされました。

営業の世界では、マメに顔を出す営業マンほど、たくさんのお客さんをつかまえることができるといわれています。お客さんからすれば、何度も自分に会いに来てくれる営業マンほど、あまり顔を出さない営業マンに比べて、好ましいと感じるに決まっていますが、それは心理学的には、単純接触効果によるものだといえるのです。

64 立食だと知らない人とでも仲良くなれる

見知らぬ異性が出会う機会が減っているため、役所を含めてさまざまな主催者が、「街コン」（合同お見合いのようなもの）を行っています。もし私が主催者の人から、心理学的にどうすればうまく男女をカップリングできますか、というアドバイスを求められたとしたら、おそらくは「椅子などは用意せず、立食形式にするといいですよ」と教えるでしょう。

椅子に座ると、たしかにラクではあるものの、それでは会話は盛り上がりにくくなるということがわかっています。参加者には少し大変ですが立ったままおしゃべりさせたほうがうまくいきやすいと心理学的にはいえるのです。

米国ワシントン大学のアンドリュー・ナイトは、これを実験的に確認しています。

ナイトは、大学生に3人から5人のグループを54組作らせて、30分間、「大学の入学希望者を増やすためのアイデア」を話し合ってもらいました。その話し合いをビデオに録画させてもらい、後で分析してみたのです。なお、話し合いのシチュエーションは2パターン用意しておきました。ひとつは、テーブルがあって、その周りに椅子が5脚用意されている部屋です。もうひとつの部屋では、テーブルはあるものの、椅子がないので、参加者はテーブルの周りで立ったまま話し合いをしなければなりませんでした。なお、部屋の大きさや、室温などはすべて同じです。さて、ビデオを分析してみると、**明らかに立ったままおしゃべりするときのほうが、話し合いが盛り上がることがわかりました。ユニークなアイデアもポンポンと出されるのは立ったままおしゃべりした場合**でした。椅子に座っておしゃべりすると、落ち着きすぎてしまうというか、かしこまってしまうというか、どうにもうまく話せなくなってしまうところが、人間にはあるみたいなのです。

就職面接も同じです。椅子に座って受け答えすると、どうにもうまく答えられないとみなさんは感じませんか。それは、椅子に座るという姿勢が悪いのです。

私は、大学の講義で学生にグループワークをさせるのですが、「はい、みんな立って！」と立ったまま話し合いをさせるようにしています。理由は、そのほうが盛り上がるからです。

街コンだけでなく、異業種交流会ですとか、各種パーティなども、立食のほうがよいかもしれません。お互いに見知らぬ人同士であれば、立食がおススメです。

ともあれ、立ったままのほうが気楽におしゃべりできるわけですから、会社の部下や後輩と飲みに出かけるときも、たまには立ち飲み屋さんのようなところもよいのではないでしょうか。そのほうが、より砕けた会話ができるかもしれません。

65 どんな話でもとりあえず笑っておけばＯＫ

自分の意見を述べるのは、なかなか勇気がいることです。

たとえば、会議において、「お前は、今度の計画について、どう思う？」と社長から尋ねられたとき、賛成したほうがいいのか、反対したほうがいいのか、迷うこともあるはずです。自分の素直な意見や感想を述べるのが、困難だと感じている人のために、ものすごくためになるアドバイスをしましょう。それは、とにかくどんな意見を言ってもいいので、「とりあえず笑っておけ」というアドバイスです（笑）。

なんだかいいかげんなアドバイスに聞こえるかもしれませんが、とんでもない。このアドバイスは、きちんと科学的な研究の裏づけがあるものなのです。

米国パデュー大学のヴィクター・オッタティは、ある男性議員が、女性レポーターの取材を受けているビデオを作成しました。議員もレポーターも、どちらも俳優が演じました。

男性議員は、デイケア、ホームレス問題、銃規制、麻薬などについて自分の意見を述べるのですが、このとき、無表情で語るバージョンと、笑顔で語るバージョンの２通りのビデオを作成しておきました。このビデオを２３８名の大学生に見せて評価してもらったところ、男性議員が無表情でしゃべっているときには、大学生たちは、話の内容をしっかりと吟味してから印象を決めようとしました。ところが、同じ男性議員が笑いながらしゃべっているときには、参加者は、話の内容などよく聞きませんでした。**とにかくにこやかにしゃべっている、というだけで**男性議員に**よい印象を抱いた**のです。結局のところ、ニコニコしながらしゃべれば、それが賛成であろうが、反対であろうが、保守的な意見であろうが、革新的な意見であろうが、あまり内容は関係ないのです。**ただ笑っているだけで、好印象を与える**のです。

　返答に困るような質問を受けたときには、とにかく笑って答えましょう。そうすれば、うまくその場を切り抜けることができます。私は、いろいろな人から相談を受けますが、正直なところ、まったく判断できない質問もよく受けます。「内藤先生、うちの商品ＡとＢでは、どちらのほうが売れる可能性が高いと思いますか」といった質問です。

　こういうときにこそ、笑って答えるのです。「いやあ、さっぱりわかりません。私はＡだと思います。根拠はありませんが、私ならＢは買わないと思います、アハハ」などと答えておくと、それが相手に気に入ってもらえる返答なのかどうかはわかりませんが、そんなに悪い印象は与えないものです。

　そういえばテレビのトーク番組においても、司会者から何を聞かれても、とりあえず笑って答えておけばＯＫという話を、有名人の誰かが言っていたように思います。

66 自分と似た雰囲気の人とつるみたくなる理由

マジメな人は、マジメな人と一緒にいると心が休まりますし、オタクの人は、オタクの人と一緒につるんでいると落ち着きます。私たちは、自分でも知らないうちに自分とよく似た雰囲気の人と一緒にいたくなるようです。

カナダにあるウィルフリッド・ローリエ大学のシーン・マッキノンは、大学の14の講義で、出席している２２２８人の学生の外見的な特徴を調べてみました。大学の講義というものは、自分で好きな席を選ぶことができます。学生は、自由にどこに座ってもいいのです。ところが、マッキノンが調べたところ、なぜか「よく似た風貌」の人が、近くに並んで座っていることがわかりました。

○髪の長い人（髪を肩以上に伸ばしている）は、髪の長い人と
○髪の短い人は、髪の短い人と
○ブロンドの人は、ブロンドの人と

○メガネをかけている人は、メガネをかけている人と
○男性は男性と、女性は女性と

並んで座っていたのです。たとえ面識がなかったとしても、私たちは、自分とよく似た風貌の人のところに、ふらふらと近づいていき、その人のそばに腰を下ろすのです。そのほうが落ち着くからでしょうか。

英語には、「同じ羽の鳥は一緒に集まる」ということわざがあります。日本語でいうなら、「類は友を呼ぶ」ということになりますが、まさにことわざ通りで、外見が似ている人は一緒になりやすいのです。

日本人留学生は、海外に出かけても、日本人留学生同士でつるんでしまって、現地の人とあまり仲良くしないので留学している意味がない、と揶揄《やゆ》されることがあります。しかし、それは日本人に限りません。日本にやって来ている外国の留学生だって、留学生とばかりつるんでいるケースのほうが多いのではないでしょうか。どの国の留学生もそうなのです。

私たちは、自分と似た人が一緒でないと、居心地が悪いというか、落ち着かないのです。わざわざ居心地の悪い集団に近づいていこう、という人はあまりいないのではないかと思います。人は、自分が落ち着く場所を知っていて、無意識にそういう場所を選ぶものなのです。

67 いつも一緒にいる人同士が似てくるのはなぜ？

口グセや振る舞いなどが、いつも一緒に行動している人となぜか似てきてしまうことがありませんか？

仕事で上司や先輩が行う方法を真似しようとすると、方法そのものだけではなく、話し方や身振りのクセまでいつのまにか同じようになってしまうのです。このように「真似しすぎて」しまうことを、心理学では〝過剰模倣〟と言います。

「日本細菌学の父」と呼ばれる北里柴三郎は、ドイツ留学中に細菌学者のコッホに師事しましたが、医学の知識や研究方法だけでなく、他のことまで真似してしまいました。それは「歩き方」です。コッホと北里は、並んで歩いているときにまったく同じ歩き方をしたそうです。

以前、本で読んだ話をご紹介します。恩師のコッホが訪日したときに、北里はいろいろな場所へ案内したそうです。そのときに、コッホと北里の歩き方があまりにも似ていておかしかったと、北里の夫人はその本の中で回想していました。

私たちは、自分でも知らないうちに過剰模倣をしてしまうようです。

それを裏づけるデータをひとつご紹介しましょう。

イギリスにあるヘリオット・ワット大学のニコラ・マギガンは、何人かの大学生に箱を分解する作業を行わせました。作業の前には、他の人が箱を分解しているビデオを見せました。ビデオの中では、作業をする人が箱の分解には必要ない行動もいくつか取っていました（ボルトを何回か叩く、アルミニウムの棒を箱の穴に差し込むなど）。

すると、そのビデオを見た大学生の70％は、箱を分解する上では意味のない行動を真似したのです。そんなことをする必要がまったくないのは明らかでした。それでも同じような行動を取ったのです。

読者のみなさんも、もしかすると自分では気がつかないうちに、上司や先輩と同じような振る舞いを身につけているかもしれません。仕事や食事の仕方、話し方、歩き方など、いろいろなところが似ているでしょう。

私は仕事柄いろいろな企業の方とお会いします。相手が2人や3人だと、みなさんどことなく雰囲気が似ていて同じような身振りをするので、ほほえましく感じることもあります。同じ職場で働いていると、ヘンなところまで似てきてしまうのです。

68 自分とは正反対の人に惹かれる理由

私たちは、自分とは真逆のタイプに心惹かれることがあります。これを〝相補性の原理〟といいます。

気が強い人は、引っ込み思案な人を好きになり、心配性な人は、楽観的でまったく不安を感じない人を好きになったりするのが、相補性です。

米国スタンフォード大学のラリッサ・ティーデンスは、その人がとる姿勢についても相補性が見られる、という面白い研究を行っています。

ティーデンスは、98人の実験参加者を集めてペアを作らせ、ロシアの画家、カンディンスキーの抽象画を題材にした話し合いをさせてみました。ただし、ペアになる人物は、実験協力者のサクラです。サクラは、あるときは実験参加者と同じ姿勢をとり、別のときには、反対の姿勢をとることになっていました。

たとえば、参加者がきちんと足を揃えて座るのなら、自分も足を揃えて座り、別の人のときには、足を広げて足を組んでみたのです。参加者がうつむいた姿勢をとっているのなら、サクラもまたうつむいた姿勢をとったり、逆に、ふんぞり返った姿勢をとったりしたわけです。それから話し合いが終わったところで、７点満点でパートナーに対する好意を尋ねてみると、きれいな相補性が見られました。

威張った姿勢をとっている人は、謙虚な姿勢をとっているサクラに好意を抱き、逆に、慎み深い姿勢をとっている人は、威張ったような姿勢をとっているサクラに好意を抱いたのです。

公園のベンチでは、きちんと足を揃えて慎み深い座り方をした女性が、大きく足を開いて両腕をベンチの背もたれに乗せている男性と並んで座っていたりすることがあります。「まったくタイプの違うカップルだなあ」と面食らう人がいるかもしれませんが、相補性の原理が働いていることを考えれば、別に驚くようなことでもありません。こういうことは、実際にはよく起きることなのです。

世の中には、「威張った上司がいい」という人だっているのです。それは、受け身で服従的な部下です。米国ミネソタ大学のテレサ・グロームは、介護施設で働く２１７人のスタッフを対象とした調査で、上司が威張っていても、部下が受け身なタイプなら、その上司に対する好感度は高くなることを突き止めています。

これもやはり相補性です。人間って、本当に不思議なところがあるものです。

69 私たちは友だちが多い人を避けてしまう

友だちがたくさんいる人は、なんとなく羨ましいと感じます。いろいろな人と交流できることは、素晴らしい経験になりますから。

ところが、興味深いことに、「他の人」は、たぶん友だちがたくさんいる人と友だちになりたいと思うかもしれないけれども、「自分」は、そういう人は避けたい、と答える人のほうが、実は多かったりするのです。これは、〝友だちの数のパラドクス〟という現象です。

中国にある澳門（マカオ）大学のカオ・シーは、フェイスブックで友だちが50人いる人と、500人いる人に対して、「他の人」はどちらと友だちになりたいと思うか、また、「自分自身」はどちらと友だちになりたいかを尋ねてみました。

すると、他の人はおそらく500人の友だちがいる人を選ぶだろうと予想する人のほうが圧倒的多数でした。71％の人（51人中36人）が、他の人はたぶん500人の友だちがいる人を選ぶだろうと答えたのです。

ところが、自分自身がどちらと友だちになりたいかと聞かれると、今度は500人の友だちがいる人と答える人は少数派でした。31％の人（51人中16人）しか、そちらを選ばなかったのです。では、なぜ自分は、友だちが少ない人のほうがよいのでしょうか。

シーによると、その理由は友だちが多い人は、それだけ魅力的だから。友だちがたくさんいる人は、魅力があるから友だちが多いわけであって、そういう魅力的な人とでは、自分は釣り合わない、と思っていたのです。友だちがたくさんいる人を、決して嫌ってはないのです。

ただ、そういう**魅力的な人とは、恐れ多くて、とても自分には付き合えないと思ってしまうのです。こういう理由で、私たちは、友だちが多い人を避けてしまう**のです。

この心理は、私にもよくわかります。私も、友だちがたくさんいる人を、なぜか避けてしまいます。友だちがたくさんいる人は、どこかキラキラしていて、私にはまぶしすぎるのです。

たとえば、各種の交流会やパーティなどで、私は人の輪ができているグループにはどうしても入っていけません。むしろ、一人きりでぽつんと立っているような人に声をかけてしまいます。「どうしてなのかな？」と長らく思っていましたが、シーの論文を読んで、ようやく納得できました。この心理は、言ってみると、「高嶺の花」を避けてしまう男性の心理に似ているのかもしれません。男性は、とびきりの美人が大好きですが、あまりにも魅力的すぎると、とても自分は釣り合わないと感じて、自分から敬遠してしまいがちです。

「自分には友だちが少ない」と嘆いている人がいるかもしれませんが、そんなことは気にしなくてよいでしょう。「そういう人のほうが好ましい」と感じている人は、世の中には、意外にたくさんいて、そういう人が友だちになってくれるかもしれません。

70 「好かれる」か「嫌われる」かは、自分の思い込みで決まる

初対面の人に会うときには、ちょっとしたコツがあります。

「たぶん好かれる」

「たぶん私は気に入ってもらえる」

そういう明るいことをイメージしながら会うようにするのです。すると、不思議なもので、本当に相手に好かれます。逆に、「私に否定的な態度をとってくるはず」「私が若造だから冷ややかに接してくるはず」などと考えていると、本当に相手はそういう態度をとってきますから、要注意です。こういう現象を、心理学では、**〝予言の自己成就〟**と呼んでいます。**自分の頭の中で考えていたことが、そのとおりの結果になってしまう、という現象**です。ですから、人に会うときには、好かれることだけ考えていたほうがいいのです。

カナダにあるウォータールー大学のダヌ・スティンソンは、お互いに面識のないメンバーで、5人1組のグループを作ってもらい、月に一度、マーケティング調査の一環として架空の商品について話し合ってもらう、という実験をしました。

このとき、スティンソンは、事前に「自分がどれくらい他のメンバーに受け入れてもらえると思いますか？」と尋ねておいたのですが、「私は、受け入れてもらえる」と答えた人たちは、話し合いのときに、自分も温かな振る舞いをしていました。そのため、他のメンバーからも快く受け入れてもらえることがわかりました。ところが、事前の調査で、「私なんて、どうせ受け入れてもらえない」と答えていた人は、実際の話し合いにおいて、素っ気ない態度をとりやすく、それゆえ拒否されやすくなることもわかりました。まさしく、予言の自己成就どおりの結果になったわけです。

人に会うときには、たとえ根拠などなくても、「私は気に入られるはず」と思っていたほうがいいかもしれません。そうやって思い込んでいると、その気持ちが自分の言動にもあらわれ、朗らかで、快活な態度で接することができるでしょう。

「自分は嫌われる」と思っていると、相手と目を合わせることをせず、やる気のなさそうな顔になります。そういう態度を見せるので、相手のほうも「なんだ、こいつ！」と不快感、嫌悪感を抱き、本当に嫌われてしまうのです。

好かれるか、嫌われるかは、自分の思い込みが決めるのです。良いタネをまいておけば、良い結果を収穫できますし、悪いタネをまいておくと、悪い結果しか得られないということを忘れないようにしたいです。

71 自分から積極的に「親切」なことをしよう

人は、困っている人を見ても、援助を求められなければ基本的には助けようとしません。なぜなら、本当に困っているのなら自分から援助を求めるはずだ、と思い込んでいるからです。困っているのに助けを求めないことなんてありえない、となんとなく感じているのです。

けれども困っている人は、困っているからすぐに頼めるのかというと、そうではありません。助けを求めるのにはちょっぴり勇気が必要で、そんなに気軽には助けを求められないのです。

カナダにあるトロント大学のヴァネッサ・ボーンズは、MBAコースのアドバイザー・プログラムの参加者35名と、ティーチング・アシスタントをしている91人に集まってもらいました。彼らは、いずれも学部生が勉強や生活に困ったときに相談に乗ってあげる係の人たちです。

ボーンズは学期の初めに、「学期中に、どれくらいの学生が自分のところに相談にやって来ると思うか？」を推定してもらいました。

するとアドバイザー・プログラムの人は、12・6人と予想しました。ティーチング・アシスタントの人は17・8人と予想しました。けれども、学期の終わりに実際に相談に来た学生の数を聞くと、それぞれに7・6人と14・7人だったのです。

助ける側の人は、助けを求める人が恥ずかしいといったような理由で頼みにくい、という気持ちを過小評価することがわかりました。

私たちは、よほど助けが必要であれば、「助けてください」とお願いできるのですが、困っている度合いがそんなに大きくない限りは、援助をお願いしにくいのです。

ですから、助ける側の人間が気を遣わなければいけません。「困っているのなら、自分から助けを求めてくるだろう」ではなく、「何か困ってない？」と自分から積極的に声をかけていきたいものです。

こういう「親切の押し売り」はどんどんやりましょう。

彼らも本当は助けを求めたいのですが、なかなかできずに困っているわけで、親切の押し売りをしてもらったほうがありがたいのです。

職場でも同じです。重い荷物を抱えて歩いている人がいたら、相手から援助を求められなくても、「半分お持ちしますよ」と言ってあげましょう。そうして荷物を強引に取るくらいのほうが、相手には喜ばれるでしょう。

助けてもらいたくても、素直に「助けて」と言えないのが人間のホンネです。

72 親切な友人を持つと自分も親切な人になる

友だち選びはとても重要です。なぜなら、私たちは友だちの影響をものすごく大きく受けてしまうからです。

「朱に交われば赤くなる」とは言い得て妙な表現で、私たちは一緒に付き合う人によって自分を変えることができるのです。

もし誰に対しても親切な人間になりたいなと思うのであれば、まずはとびきり親切な人を探して、その人と友だちになることを考えましょう。そういう友だちと付き合っていれば、自然に自分も親切な人になれるはずです。

米国メリーランド大学のキャサリン・ウェンゼルは、小学校6年生にクラスメートの名簿を渡し、「あなたの親友に3人までマルをつけてください」とお願いしました。その一方で、クラスの担任にもお願いして、それぞれの生徒がどれくらい親切な子どもなのか、どれくらい協力的なのかの判断をしてもらいました。

それから2年後、中学2年生になったときに同じ子どもたちに再調査をしてみると、親切な友だちのいる子どもは、2年後にはその子自身も親切になっていることがわかりました。親切で、協力的な友だちがいると、本人もそんなふうに変わっていくのです。

だいたい、親切な子どもが勉強でわからないところがあると、先生もクラスメートも放っておかず快く教えてくれます。そのため、親切な子どもほど、成績がよくなる傾向があります。

さらに、**親切な友だちがいる人は、自身の成績もつられてよくなることもあわせて明らかになりました。それだけではありません。親切な人というのは、誰からも好かれやすいので人気者になります。**人気者になると、自信もつきます。したがって、そういう親切な子と付き合っている人も自信がつくこともウェンゼルは突き止めました。親切な友だちを作ることには、いくつものメリットがあるといえるでしょう。逆に性格が悪い人と友だちになると、自分の性格も悪くなってしまうので気をつけたいものです。

いつでもブツブツと愚痴やら不満ばかりを口にするような人と付き合っていると、自分も同じように不満ばかり口にするようになってしまいます。不満ばかり口にする人には、なるべく近寄らないようにし、そっと距離を置くようにして、少しずつ関わらない方向に持って行ったほうがいいかもしれません。

73 上手な人を眺めるだけでうまくいく

人生で初めての料理を食べるときは、誰でも躊躇《ちゅうちょ》すると思います。でも、周りの人たちがその料理をおいしそうにほお張っている様子を見れば、おそらくおいしく食べることができるでしょう。**私たちは他の人の行動を見ることで、影響を受ける**からです。

大変な仕事を押しつけられたときには、同じような仕事をホイホイと片づけている先輩の行動をしばらく眺めてみましょう。すると、「なんだ、自分にも簡単にできそうだな」と思えるようになります。

私は、あまり絶叫系のアトラクションが好きではないのですが、他の人たちが楽しんで乗っている様子を見ることで、恐怖を克服しています。

そうすることで、自分でも大丈夫だと思えるのです。**「他の人を眺める」ことはとても効果的な方法**なので、いろいろなことで試してみてください。

米国バージニア大学のモーリーン・ワイスは、水泳の経験がほとんどない子どもたちを集めて、７分間のビデオを見せました。あるグループの子どもたちには、同年齢の男の子と女の子が「こんなの簡単、簡単」「これって、面白い」「僕はうまくできるよ」と話しながら水泳の練習をしているビデオを見せました。別のグループに見せたのは、水泳にまったく関係のない「セサミストリート」のビデオです。

それから、20分間のグループ水泳練習を3日間受けてもらいました。3日間で、水泳のインストラクターが6つの技術を教えるというものです（顔を水につける、ブクブクと水中で息を吐く、頭まで水に潜る、うつ伏せで水に浮くなど）。

その結果、練習の前に同年齢の子どもたちがうまく水泳をしている7分間のビデオを見せられたグループでは、6つの技術をほぼすべてマスターできました。水泳に関係のないビデオを見せられたグループでは、4つか5つの技術しかマスターできませんでした。

もし子どもがプールを怖がるようなら、同年齢の友だちがプールを楽しんでいる様子を見せてあげるといいかもしれません。ムリにやらせなくても、他の友だちが楽しそうに泳いでいれば、「僕もちょっとだけやってみようかな」と思うものです。

私には2人の息子がいるのですが、お兄ちゃんに自転車の乗り方を教えるのはとても苦労しました。でも、お兄ちゃんが練習している様子を眺めていた弟は、いつの間にか自転車に乗れるようになっていました。兄弟姉妹でいうと、弟や妹のほうが、兄や姉を観察することができるので、いろいろなことで有利なのです。

74 たくさんお酒を飲みに行く人がトクをする

米国テキサス州にあるアナリシス・グループのベサニー・ピーターズと、米国カリフォルニア州にあるサンノゼ州立大学のエドワード・ストリンガムは、「大酒飲みではない？　なら、あなたは負け犬になるかもよ」という衝撃的なタイトルの論文を発表しています。

大酒飲みほど勝ち組になれるとは、どういうことなのでしょうか。たくさんのお酒を飲むと、意識は混濁してきますし、健康を害しそうですし、翌日にはひどい二日酔いに悩まされて仕事も手に付かなくなるように思うのですが、どうして勝ち組になれるのでしょうか。

実は**「お酒を飲む人のほうが収入が高い」という、はっきりしたデータがあります。統計を見ると、お酒を飲む人は、飲まない人より10％以上も収入が高いという事実がある**のです。

とはいえ、お酒のアルコール成分が、何か直接的に仕事に役立つのかというと、そういうわけではありません。お酒には、そんな魔法のような効果はありません。

お酒を飲むことは、「ネットワークを広げる」ことに役立つ、というのがピーターズらの主張です。難しい言葉でいうと、お酒を飲むことは「社会的資本」になるのです。

一人で静かにお酒を飲むという人もいるでしょうが、たいていの場合、お酒は他の人と一緒に大勢でワイワイと飲みます。よって、「たくさんお酒を飲む」ということは、それだけ「たくさんの人と会う」ことになります。そうして人脈ネットワークがどんどん広がりやすくなります。人脈が広がれば、当然ビジネスチャンスも増えていくわけで、結果的に収入も多くなるのです。

ピーターズらは、大酒飲みほど収入が高くなることを〝ドリンカーズ・プレミアム〟と名付けています。お酒を飲む人は、10％のドリンカーズ・プレミアムが付いた収入を稼ぎ出すことができるそうです。また、頻繁に外に飲みに出かける人は、さらに7％を上乗せした年収になるという計算値を出しています。

ただし、ここで注意してほしいのは、あくまでも「ネットワークの形成」に役に立つようなお酒だということです。

いつも決まったメンバーで飲んでいてはいけません。どうせ**お酒を飲むのなら、できるだけ違う部署とか、違う会社の人と一緒に飲みましょう。**一人でバーに出かけて、知らない人に話しかけるのもいいと思います。

そうやってネットワークを形成するからこそ、プレミアムの恩恵を受けられるのです。ただ単純にお酒が好きだからという理由で、**自宅で一人で飲んだり、決まったメンバーと飲んだりしていても、収入は上がりません**のでご注意ください。

75 私たちは、自分と似た名前のものを好きになる

私たちは、自分の「名前」を好みます。これを心理学では、〝ネーム・レター効果〟と呼んでいます。

同じ名前だけではなく、似た名前であっても同様です。私の場合ですと、「内藤」ですから、「内村さん」とか、「内山さん」には、多分無意識的に親密さや好意を感じやすくなっているはずです。そういう名前の人には、私も知らないうちにエコヒイキをしている可能性があります。

読者のみなさんの仲のよいお友だちの名前を思い浮かべてみてください。自分の名前と似ているのではないでしょうか。

私たちが似た名前の人を好む傾向は、ベルギーにあるルーベン・カトリック大学のヴェラ・ホーレンスによって確認されています。調べてみると、友だち同士というのはよく似た名前である場合が多かったのです。ホーレンスは、ハンガリーでも、タイでも同じ調査をしてみましたが、やはり自分の名前とよく似た名前の人と友だちになりやすいことがわかりました。

もうひとつ面白い研究を紹介しておきます。

米国ピッツバーグ大学のハーバート・バリーは、作家は登場人物に自分と同じ名前を使うとき、どうしても好意を感じてしまい、その人物にとってハッピーな結末になるように書くのではないか、という仮説を立ててみました。

この仮説を検証するため、バリーが調べたのが、英国の作家ジェイン・オースティンです。彼女の作品のうち、『高慢と偏見』と『エマ』には、それぞれ「ジェイン・ベネット」「ジェイン・フェアファクス」という女性が出てくるのです。

さて、ジェイン・オースティンは、自分と同じ「ジェイン」という名前を持った登場人物を、どのように書いたのでしょうか。

バリーの仮説が正しければ、好意的な書き方をしているはずなわけですが、まさしくその通りでした。作家と同じ名前の彼女たちは、どちらも美しく描写され、しかもお金持ちの男性と結婚するというハッピーな結末を迎えていたのです。

作家は、自分と同じ名前の登場人物を描写するときには、知らず知らずのうちに、好ましい書き方をしてしまうのですね。これもやはり自分の名前が好きだからなのです。

76 交渉は「笑い」があるとうまくいく

ビジネス上の交渉では、お金がかかっているのでどちらも真剣になり、丁々発止のやりとりがなされます。

その際に、ちょっとだけ遊び心を出して、相手を笑わせてみるのも悪いことではありません。というのも、相手を笑わせることができれば、交渉もうまくいってしまうからです。

大笑いした人間は心が広くなるというか、強硬な態度を取れなくなるというか、「まあ、今回は譲ってやるか」と思うらしく、大きく譲歩してくれるようになります。冗談こそが、交渉の決め手になるのです。

米国カンザス大学のカレン・オークインは、絵画の売買をめぐって売り手と買い手に分かれて、疑似的な交渉をやらせるという実験をしました。

売り手と買い手のどちらになるのかは、インチキなクジで決められます。サクラは必ず絵画の売り手になり、本当の実験参加者は買い手になることになっていました。

サクラは、買い手がどんな価格を提案してきても、最終的には2000ドルの譲歩をして、

「これが私の最終的な提案です」と言うことになっていました。この際、半分の参加者との交渉において、サクラは冗談も言いました。「これが私の最終的な提案です。ついでに私のペットのカエルもお付けしますよ」と言うことになっていたのです。

私には、これのどこが面白いのかよくわからないのですが、アメリカ人にはウケるのでしょう。サクラは、残り半数の参加者との交渉のときには、ただ「私の最終的な提案は◯◯ドルです」と言うだけでした。では、冗談を言うことで相手は譲歩してくれたのでしょうか。

その割合を測定してみると、たしかに冗談を言った後には相手は譲歩してくれました。53％の人が譲歩してくれたのです。冗談を交えず、ただ2000ドルを引いた価格を相手に伝えたときには、譲歩をしてくれる人はもう少し減りました。冗談を言わない場合は45％の人しか譲歩してくれなかったのです。

冗談で相手を笑わせれば相手からの譲歩を引き出せることが、この実験でわかります。

どんなにつまらない冗談でも、とりあえず言ってみましょう。それで相手が笑ってくれれば、その後の交渉は比較的ラクなものになります。もし相手が笑ってくれないのなら、さらに冗談を畳みかけ、相手が失笑するくらいまで頑張りましょう。「失笑」も笑いには違いありませんから、交渉は和やかなムードになって、相手からの譲歩を引き出すことができそうです。

77 私たちが、自分を嫌いになるとき

人の嫌がることは、できるだけしないほうがいいです。**嫌がることをされた人が傷つくばかりでなく、している本人も自分のことが嫌いになってしまうので、自分自身も傷つけることになってしまう**からです。双方が傷つくのです。

オーストラリアにあるクイーンズランド大学のブロック・バスティアンは、53人の大学生に、10分から15分、「他人を傷つけてしまったこと」を思い出してエッセイを書いてもらいました。心ない言葉をぶつけてしまったことや、無視してしまったことなどを思い出させたわけです。それから自己評価をしてもらうと、人を傷つけたことをありありと思い出させられた人は、「私は冷たい人間だ」「私はバカだ」「私は獣のような人間だ」「私には道徳心がない」などと評価するようになり、自分を嫌いになってしまうことがわかりました。

比較をするためのコントロール条件では、人を傷つけたことではなく、ただ昨日会った人についてエッセイを書くだけだったのですが、こちらには自己評価の低下はまったく見られませんでした。

人を傷つけると、自分のことも嫌いになってしまうのです。だから、そういうことは絶対にしないほうがいいのです。人をやっつけると、なんとなく気分がよさそうな気もしますが、現実にはそうなりません。「私って、こんなにひどいことができる人間だったんだな」ということに気づかされ、むしろ気分は落ち込むでしょう。

友人や恋人と口論やケンカをしてしまったとき、後になって、ひどく後悔した経験がみなさんにはありませんか。ひどいことをつい口にしてしまい、自分を嫌いになったことはありませんか。

私には、そういう経験がたくさんあります。若い頃の私は、瞬間湯沸かし器のようにすぐにカッとなるタイプで、誰かれかまわず暴言を吐いていました。今考えると、本当に恥ずかしさで身の置き所がない気持ちになります。穴があったら入りたい、というのは、こういうときに使う言葉なのでしょう。

仕事がらみでお付き合いしている人にも、カッとなると怒鳴りつけることもしばしばで、その人との縁が切れてしまったことも一再ではありません。今でも後悔していますし、「自分はダメなヤツだ」と思い出すたびに感じます。

人を傷つけるようなことには、まったくなんのメリットもありません。

絶対に人の嫌がることをしない。これを自分のルールにして行動するのがいいと思います。

78 私たちが、嫌いな相手から無視をされたら

読者のみなさんに嫌いな相手がいて、相手もみなさんのことを大嫌いだとします。もしその相手に無視されるようなことがあれば、どう感じるでしょうか。

普通に考えれば、お互いに嫌っているわけですから、そんなに気にならないのではないかと思われます。「無視してもらってかえってありがたい」と感じてもよさそうなものです。

ところが現実には、嫌いな相手でも無視されると気分が落ち込んだりするらしいのです。人間というのは本当に不思議なものです。「嫌いな相手から無視されても、少しもかまわない」ということにはならないのです。

米国カリフォルニア大学のカレン・ゴンサルコラレは、オーストラリアにあるニューサウスウェールズ大学の学生を使って、「嫌いな人からでも拒否されると傷つく」という現象について検証する実験をしています。ゴンサルコラレは、インターネット上で、バスケットボールのパス回しのような作業をやらせてみました。ただし、本当の参加者以外はみんなサクラで、サクラたちは自分たちだけでパスを回して参加者にはパスを渡さない、というひどいことをする

ことになっていました。なお、パス回しをする前に、参加者にはサクラたちのことを「インペリアル・クランズの支持者」と告げておきました。インペリアル・クランズというのは、オーストラリアにあるKKK（クー・クラックス・クラン：アメリカに拠点を置く差別主義者の秘密結社）の支部で、差別主義者の集まりです。

たいていの人はインペリアル・クランズのことをよくは思っていませんし、その支持者に対しても嫌悪感を抱いています。ですので、パスを回してもらえず仲間外れにされたところで、どうということはないはずです。

ところが実際には、自分が嫌いなメンバーからでも、仲間外れにされると心理的にひどくこたえることがわかりました。さらにその後の調査では、仲間外れにされると自尊心が大きく下がり、自分が無意味な存在で、生きている価値がない人間だと感じるようになってしまうことがわかったのです。

相手が嫌いな人でも、あからさまに無視されることは私たちの心をひどく傷つけられるのです。

「私は若い女性にどれほど嫌われようが、少しもかまわない」と公言している人でも、若い女性から面と向かってひどいことを言われたら、やはりそれなりに落ち込むのではないでしょうか。私たちは、嫌いな人からでも「あなたのことが嫌い」と言われると傷つくのです。

79 心が寒くなると身体も寒くなる

「冷たい視線」という表現がありますよね。私たちは、あまり好きではない人、敬遠したい人には、そういう視線を向けるものです。

面白いことに、「冷たい視線」という表現は、そのまま文字通りの意味を表わしています。

つまり、私たちは、仲間外れにされたりすると、実際に「冷たい視線」すなわち「寒さ」を感じるのです。人に拒否されたり、拒絶されたりすると、「心が凍りつく」とも表現しますが、本当に寒く感じるのです。

カナダにあるトロント大学のチェン・チョンは、65人の大学生を集め、その半数の人には、これまでの人生の中で、友人から仲間外れにされた経験をまざまざと思い出すように指示しました。残りの半数には、逆に、友人から温かい言葉をかけてもらった思い出や、親切にしてもらったエピソードなどを思い出してもらいました。

次に、すべての学生に、実験室を管理しているスタッフから、「今、この部屋の室温は何度だと思いますか？」という質問をしました。

すると、直前に仲間外れにされたことを考えさせられたグループ、つまり、「心が凍りついた」グループは、部屋の温度を21・44℃と推測しました。ところが、「心温まるエピソードを思い出した」グループの平均は、部屋の温度を24・02℃と推測したのです。

人は、仲間外れやいじめに遭ったりして、「心が凍りついた」ように感じると、実際に、寒さを感じることが明らかにされたといえるでしょう。

私たちの心と身体は、決して別々に存在しているのではありません。

心と身体は密接に関連していて、心で感じたことは同様に身体でも感じるのです。心が寒くなれば、物理的には暖かい環境でも、なんとなく「寒い」と感じるのです。

昔の人が、どうやって「冷たい視線」や「心が凍りつく」といった表現を作り上げたのかはわかりませんが、おそらく体感的に、「寒さ」を感じることから出来上がった表現なのではないかと推測できます。

面白いもので、「冷たい視線」に類する単語は、いろいろな言語にもあるそうです。どの国の人も、人間である限りは、仲間外れにされると「寒さ」を感じるので、似たような表現を作り上げたのでしょう。

誰も他に知っている人がいないパーティや結婚式に参加しなければならないときや、知っている人の集まりでも、自分だけ会話に交ぜてもらえないときなど、「なんとなく部屋が肌寒いな」と感じるのは、心が寒いからです。物理的に寒いというわけではないのです。

80 人は自分と違う意見には耳を貸さない

読者のみなさんもそうだと思うのですが、私たちは基本的に自分の意見、価値観に固執して、他人の意見や価値観など、絶対に認めません。それが普通です。自分の意見と食い違うような意見など、そもそも最初から聞きたいとは思いません。それがごく一般的な人間の姿なのです。もし読者のみなさんがそのような人であったとしても、気にすることはありません。みんなそうなのです。

カナダにあるウィニペグ大学のジェレミー・フライマーは、オンラインで募集した２０２人に、「あなたは同性婚に賛成ですか？　それとも反対ですか？」と質問してみました。続いて、同性婚に賛成の立場、あるいは反対する立場から書かれた記事を読んだら、10ドルがもらえるくじが引けます、と伝えました。ただし、自分の立場と一致する記事しか読まないのなら、７ドルのくじになってしまうことも伝えました。では、どんな結果になったのでしょうか。なんと、どちらの立場の人も、約3分の2は、自分の意見と一致する記事しか読みませんでした。3ドル余計にもらえるというのに、そのチャンスをふいにする人のほうが大半だったのです。

3ドルを余計にもらうより、「気に入らないものはお金をもらっても読みたくない」という気持ちのほうが強いことが判明したのです。

私たちが、自分と異なる意見の人に耳を傾けないのは、頑固だからではなく、たいていの人がそうなのです。

「まったくあいつはこっちの話など、聞きやしない……」

「まったくあのじいさんは、頑固すぎる……」

私たちは、自分の話を聞いてもらえないときに、そうやって愚痴をこぼすものですが、とはいえ自分だって、違う立場の人の意見には耳を貸さないはずです。自分も他人の意見を聞かないはずなのですから、相手が耳を貸してくれなくても、お互いさまというものでしょう。

偉そうなことを語っておりますが、私も人の意見には耳を貸しません。私は妻と意見が食い違ったときなど、「議論をするだけムダ。だって、人間は意見を変えないから」ということも知っているので、議論をせずに逃げます。時間と労力のムダ使いはしないにかぎります。

人は意見を変えたりはしません。

ですから、読者のみなさんも不毛な議論からはさっさと逃げたほうが正解、ということを覚えておくとよいでしょう。そうすれば、いちいちキリキリしないですむと思います。

81 人は相手の姿が見えないと怒りをあらわしやすい

相手の姿が見えないとき、私たちは怒りをあらわにすることをためらいません。「自分が相手から見えていないのだからいいだろう」と、遠慮をしなくなるのです。

目の前に相手がいる対面の状況では、そんなに怒りをあらわにしない人でも、たとえば、電話のときにはものすごく怒鳴ったりすることがあります。相手の姿が見えないと、私たちは怒りを表現しやすくなるのです。

米国カリフォルニア大学のパトリシア・エリッソンは、街中で自動車を走らせ、後ろから他の車がやってきたときに実験を行いました。ちょうど信号で停車するタイミングのとき、信号が青に変わっても、しばらく発車せずにそのまま待ってみたのです（最大12秒まで）。そのとき、後ろの車がクラクションを鳴らしてくるまでの時間を計測してみました。

ただし、このときに2つの条件が設定されていました。エリッソンが走らせていた自動車はオープンカーだったのですが、幌を閉めておく場合（自分の姿が相手に見えない）と、幌を開けておく場合（自分の姿が相手に見える）です。その結果、幌を閉めておくと、後ろの運転手はすぐにクラクションを鳴らしてくることがわかりました。相手の姿が見えないと、「さっさと発進しろ」という合図をすぐに出してきたのです。

また、クラクションを鳴らしている継続時間も、回数も測定してみたのですが、幌を閉めて姿が見えないときには、鳴らしている時間も、回数も長くなることを明らかにしています。

ところが、オープンカーの幌を開け、自分の姿が、後ろの運転手にもよく見えるようにしておくと、なかなかクラクションは鳴らしませんでした。鳴らしたとしても、短く1回だけ、とかなりやさしい合図でした。相手の姿が見えると、人は怒りを見せるのをためらうのです。

仕事でお客さんや取引先に迷惑をかけてしまったときには、できるだけすぐに相手先にお詫びの訪問をするのが正解です。よくあるビジネス書には、お詫びのときにはそうしろと書かれていますよね。これは、心理学的にいっても正解です。顔の見えない電話では逆効果です。電話でお詫びをすませようとすると、相手に怒鳴られやすくなりますから。

きちんと相手のところにお詫びに行けば、おそらくはそんなに怒られずにすむでしょう。私たちは、姿が見えている人には、そんなに激しく怒りを見せることはできないのです。「ああ、いいよ、いいよ。次回からは気をつけて」と軽く言われるだけですむかもしれません。

人の怒りを抑制するためには、自分の姿を見せるとよいという原理を覚えておくと、いろいろな場面で応用ができるでしょう。人に迷惑をかけてしまうことは、誰にでもあることですから、こういうときにはきちんと相手に会いに行き、顔を見せることが大切です。

82 「知らない人が怖い」と感じるのは自然なこと

みなさんは、知らない人を目の前にすると、「なんとなく怖い」と感じたりしませんか。だとしたら、喜んでください。みなさんは、きわめて正常です。人間にとって、知らない人に恐怖を感じるのは、自然な反応です。

なぜ自然なのかというと、**私たちは、「人を見たら恐怖を感じる」ようなメカニズムを進化的に発達させてきたから**です。そういう遺伝子を受け継いでいるのです。ですので、「対人恐怖」は、病気でも、障害でもなんでもありません。

小さな子どもで考えてみましょう。知らない人に平気な顔でついていってしまったら、どうなるでしょう。連れ去られたり、殺されたりする可能性がぐっと増えます。生き延びる可能性が高いのは、知らない人にはついていかないように、恐怖を感じる子どもです。

まだ飛行機も自動車もなかった時代、知らない場所にどんどん出かけていく人は、勇気があるとは思いますが、殺されるリスクも非常に高かったと思います。そういう人は、生き延びることができませんでした。生き延びる可能性が高いのは、同じ村に住む、顔見知りとだけ付き合おうとする人のほうでした。そういうことが何千年も、何万年も続いた結果、私たちの脳には、しっかりと「知らない人は危険」という回路が組み込まれるようになりました。

また、外国人を見ると、「怖いな」と思うのも、正常です。自分に危害を加えてくるのは、だいたい、違う社会に住む人のほうが多かったので、自然に警戒反応をとってしまうのです。

英国ブリストル大学のアンドレイア・サントスは、ウィリアムズ症候群という発達障害について研究しています。ウィリアムズ症候群には、見知らぬ人にまったく恐怖を感じず、近づいていってしまう特徴があります。普通、人種の違う人には、私たちはあまり近づきません。歴史的に見ると、知らない人に殺される危険性が高かったからです。

ところが、20人のウィリアムズ症候群の人（男女10人ずつ）と、12人の、年齢は同じで正常という比較するためのコントロール条件の人に、肌の色が違う人の絵を見せて評価してもらうと、コントロール条件の人は、自分と肌の色が同じ人を好みましたが、ウィリアムズ症候群の人はそういう差が見られませんでした。「なんだ、誰に対しても恐怖を感じないのなら、羨ましい話ではないか」と思われるかもしれませんが、そんなことはありません。ウィリアムズ症候群の人は、避けたほうがいい人たちにも平気で近づいていってしまいますから、殺されるリスクが高いのです。そう考えると、まったく羨ましくもないわけです。

人に恐怖を感じるのは、まったく正常なことですから、気に病む必要はありません。むしろ、そのほうが生き延びる可能性が高まるので、幸せなことなのだと考えましょう。

83 友だちの人生が楽しそうに思えてしまう理由

いきなりですが、読者のみなさんは幸せな人生を歩んでいるでしょうか？

ご自分の幸せと、親しい友人の幸せを比べた場合、幸せなのはどちらだと思うでしょうか。だいたいこのような質問をすると、「友人のほうが幸せだと思う」という答えが返ってくるのが普通です。**私たちは、友人に比べると、自分のほうがつまらない人生を歩んでいると思い込みやすく、これを心理学では〝悲観バイアス〟と呼んでいます。**「バイアス」というのは、〝心のゆがみ〟という意味です。悲観的なほう、悲観的なほうに考えやすいという心の傾向のことを、悲観バイアスと呼ぶのです。

米国コーネル大学のセバスチャン・デリは、男性154人、女性150人の調査対象者（平均37・1歳）に、自分と知り合いを頭に思い浮かべてもらい、次のような質問をしました。

「パーティに頻繁に出かけるのは、あなたですか？　それとも友人？」
「友だちの数が多いのは、あなたですか？　それとも友人？」
「外食によく出かけるのは、あなたですか？　それとも友人？」

質問はまだまだあるのですが、豊かな社会生活を送っているのは、自分なのか、それとも友人なのかを教えてもらったわけです。するとどうでしょう、すべての質問において、「友人のほうが私より豊かな生活だと思う」という答えが返ってきたのです。私たちは、友人のほうが、自分よりたくさんの友だちがいて、友だちのほうがいっぱい遊びに出かけていて、友だちのほうがずっと豊かな社会生活を送っているはずだ、と思い込みやすいのです。まさしく悲観バイアスです。

もちろん、現実にはそんなことは考えられません。おそらくは、読者のみなさんも、他の友人たちと同じくらいには、いろいろなことをしているはずです。ところが、なんとなく友だちのほうがいろいろなことを積極的にやっているように見えてしまうのです。

私たちは、友だちのほうが自分よりずっと幸せな人生を歩んでいると思い込み、勝手に孤独に陥り、気分をへこませているのです。自分で自分の首を絞めて、何が楽しいのかと思われるかもしれませんが、たいていの人はこの罠《わな》に陥おちいっています。

私は心理学者なので、悲観バイアスという心のゆがみがあることはわかっているのに、それでもやはり、友だちのほうが自分よりも豊かな生活を送っていて、幸せな人生を歩んでいるのではないかと思い込んでしまいます。悲観バイアスは、相当に強力な働きをしているのです。

第5章

男と女の心理学研究

84 人が恋に落ちやすくなるとき

学校や職場で、しょっちゅう目が合う人がいるとしましょう。

目が合ってしまうのは、まったくの偶然にすぎないのかもしれませんが、それでもおそらくはお互いに相手を好きになってしまうことが心理学的に予想されます。

「なんだか、よく目が合うな」

「ひょっとすると、僕のことが好きなのかな」

そんなふうにあれこれと考えているうちに、自分も相手のことを好きになってしまうのです。ただ目が合っただけで、自分が好きでもないタイプに恋心など抱くわけがないと思うでしょう。ところが、現実にそうなってしまうことが、実験的に確認されています。

米国ニューイングランド広場恐怖症治療研究センターのジョアン・ケラーマンは、お互いに面識のない人を集め、48組の異性のペアを作ってもらいました。ペアはあくまでも適当に作ったのであって、お互いの好みに一致するようなペアを作ったのではありません。

ペアができたところで、ケラーマンは、あるペアには2分間、相手の「目」を見つめてもらうようにお願いしました。別のペアには、相手の「手」を見つめてもらいました。

２分が経過したところで、ケラーマンは、お互いにどれくらい愛情を感じるのかを測定してみたのですが、「目」を見る条件のほうが、はるかに相手に愛情を感じやすいことがわかったのです。**相手の目を見つめていると、なぜか自分の心の中に、「好き」という気持ちがどんどん大きくなってきてしまいます。相手がどんな人であっても、目を見つめていると、その人を好きになってしまう**のです。

人に対して、あれこれとうるさい好みを持っている人は、苦手なタイプの人の目を見つめてみましょう。目を見つめていれば、嫌悪感が減って、好感のほうが高まるかもしれません。「私は、太った人が大嫌い」というのなら、太った人をじっと見つめてください。しばらく見つめていると、むこうも視線に気づき、目を合わせてくるかもしれません。そして、目を合わせていると、「なんだ、太っているといっても、普通の人と同じじゃないか」ということがわかるかもしれませんし、さらには「太った人って、愛嬌のある顔をしているんだな」と好ましく思うようになることさえあるかもしれません。

人と会うのが苦手という人は、人に会っているとき、目をそらしながら話そうとしてしまいます。これはよろしくありません。余計に苦手意識が大きくなってしまいます。そうではなくて、頑張って、相手の目を見てください。お互いの目を見て話をしたほうが、お互いに好ましい気持ちを持つことができるのです。

85 好きな人と結婚するためのコツ

「近くに住んでいる者同士が結婚しやすい」と聞いたら、読者のみなさんは驚くかもしれません。しかし、これはれっきとした事実で、心理学では発見者の名前を取って**〝ボッサードの法則〟**と呼ばれています。**近くに住んでいればいるほど、結婚する可能性は高まっていくのに対して、遠く離れた者同士では、可能性はどんどん低くなっていきます。**

米国ペンシルベニア州立大学のジェームズ・ボッサードは、フィラデルフィアの住民について、結婚証明書の登録申請を行った5000組のカップルについての調査をしてみたことがあります。調べたのは、結婚する前に2人の住所がどれくらい離れていたのかです。

その結果は、次のページの図表⑩を見てください。結婚した5000組のカップルの3分の1は、結婚前には「5ブロック以内」に住んでいたことがわかったのです。その理由は単純です。近くに住んでいればいるほど、「顔を合わせる頻度」も高くなるからです。挨拶をしたり、他愛もない世間話をしたりしているうちに、いつしか恋心が芽生えるのです。逆に遠く離れた者同士では、まずそもそもお互いに顔を合わせる機会がありません。ですから、恋愛がスタートすることもないのです。

■図表⑩ 結婚する前の2人の距離

結婚前に住んでいた住所	結婚した人の累積率
1ブロック以内	17.18%
2ブロック以内	23.26%
3ブロック以内	27.46%
4ブロック以内	30.56%
5ブロック以内	33.58%

（Bossard, J. H. S. 1932より）

「顔を合わせる頻度」が増えれば、当然、恋愛に発展するケースも増えるでしょうし、結婚に結びつくケースも増えます。したがって、ご近所さん同士が結婚しやすいというボッサードの法則は、当たり前といえば当たり前のことなのです。

そういえば、オフィスで行われた調査でも、同じフロアの、同じ部署の、机が近いもの同士のほうが結婚しやすいというデータもあります。

これは、米国ニューヨーク州立大学のロバート・クインが明らかにしました。クインがオフィスでのロマンスを分析したところ、「近接性（近くで仕事をしているかどうか）」が重要で、お互いに声を交わす頻度が多くなるほど、恋愛に発展しやすかったというのです。**好きな人とうまくいきたいのなら、相手の住んでいる隣近所に引っ越すのもいいかもしれません。**

86 失恋の思い出を忘れられない理由

手の届かない相手や、好きになってはいけない相手を好きになってしまうことは、思いのほかよくあることです。小説やドラマの世界だけの話ではありません。

そんなとき、「どうせ私の恋なんて実らないのだから、あの人のことは考えないようにしよう」と気持ちを抑制しようとするのが普通でしょう。けれども残念なことに、考えまいとすればするほど、ますますその人のことが頭に浮かんできてしまうので注意が必要です。

米国マサチューセッツ州にあるハーバード大学のダニエル・ウェグナーは、実験の参加者に「片思いをして、結局その恋が実らなかった経験」を思い出してもらいました。芸能人やタレントはダメです。自分と接点があって、片思いをしていた相手でなければなりません。

そしてウェグナーは、あるグループには眠る前の5分間、「なるべくその相手のことは考えないように」という指示を出しました。他のことを考えて、しかも頭に浮かんだことを日記に記録するように求めたのです。

このグループは、翌日の朝、起きたらすぐに昨晩の夢の記録も付けなければならなかったのですが、眠る前に「考えないように」と言われていたのに、34・1％もの人が、まさに考えてはいけない相手の夢を見てしまったのです。眠る前の5分間「好きな相手のことを考える」というグループでは、夢に見るのは28・2％でした。

「考えちゃダメだよ」と言われたときのほうが、夢に見てしまう割合は増えてしまうことがわかりました。

ウェグナーはまた、恋愛感情のない、どうでもいい相手についても思い出してもらい、同じ実験をしましたが、「その人のことを考えてはいけないよ」という指示を出しておくと、19・1％が考えてはいけない人のことを夢に見ました。「たくさん考えていいよ」と言われたグループでは、16・5％が夢に見ました。

どうも**私たちの思考というものには、〝リバウンド効果〟のような性質があるようです。「考えてはいけない」と思うと、よけいに「考えたくなってしまう」**のです。

「もう考えるのはやめた」というのは、心理学的にいうとあまりよい作戦ではありません。むしろ満足いくまでその人のことを考えたほうが、その後はあまり考えなくなるものです。好きな人のことを忘れられず、いつまでも悶々としているのだとしたら、それは「考えないようにしないといけない」と自分に禁じていることが原因です。

だからこそ、かえっていつまでも頭から離れなくなってしまうのです。

87 異性と食事をすると食べる量が減る

ニワトリは、一羽でエサを食べさせるときには、すぐに満腹になってしまうそうです。

ところが、他のニワトリと一緒にすると、一羽で食べるとき以上にエサをたくさん食べるのだそうです。

養鶏場《ようけいじょう》では、たくさんのニワトリを一緒に飼育しています。その理由は、ニワトリがたくさんのエサを食べて太ってくれるからなのです。

では、人間ではどうなのでしょう。他の人と一緒に食事をすると、ニワトリと同じように、一人きりで食べるときよりも食が進むようになるのでしょうか。それとも周囲に人がいると、恥ずかしがったり緊張したりして、あまり食べなくなるのでしょうか。

男性は、女性の前では、食欲旺盛なところや、男らしいところを見せるために、たくさん食べそうなイメージもあります。豪快に食べて見せたほうが、女性ウケがよくなると思って男性は一生懸命に食べてアピールするような気もするのですが、本当のところはどうなのでしょうか。ある実験によると、**男性でも女性でも、「異性と一緒のときには、そんなに食べない」**ということが明らかにされています。男性は、女性の前ではたくさん食べるのかとも思いました

■図表⑪ クラッカーを食べた量

	男性の被験者	女性の被験者
男性のサクラと一緒に食べる	15.2枚	10.7枚
女性のサクラと一緒に食べる	13.6枚	13.2枚

※数値は食べたクラッカーの枚数を示す

（Pliner, P., & Chaiken, S. 1990より）

が、どうもそうではないようです。

カナダにあるトロント大学のパトリシア・プライナーは、お腹を空かせてやって来た大学生たちに、さまざまなトッピングのクラッカーを好きなだけ食べてよいという実験をしたことがあります。ただし、同性または異性のサクラの学生と一緒に食べるのです。サクラの学生は、いつでも決まって15枚のクラッカーを食べることになっていました。

では、実際の被験者たちは、いったい何枚のクラッカーを食べたのでしょうか。その結果が上の図表⑪です。

男性は、男性の前でならガツガツ食べますし、女性も、女性の前なら遠慮せずにムシャムシャ食べました。ところが、異性を前にすると、やはり少し遠慮してしまうようです。

女性は、女らしさをアピールするために、男性と一緒だと控えめに食べるのはなんとなくわかるのですが、男性までもが、女性を前にするとあまり食べなくなってしまうのは、なぜなのでしょうか。理由はよくわかりませんが、不思議です。

88 アルバムの写真の位置で評価が変わる

学校の卒業アルバムには、それぞれのクラスの全体写真のページがあります。生徒全員の顔写真が、見開きのページに載せられたりしているわけです。そういう写真を他の人に見せて評価してもらうと、とても面白い現象が起きます。**簡単にいうと、「上」のほうに顔写真が置かれるほど男性はモテやすく、「下」のほうに置かれるほど、女性はモテやすくなる**のです。

空間的に、「上」は、強さや地位に結びついています。そのため、女性は、「上」のほうに置かれた男性を好ましく思うのです。

逆に、空間的に、「下」は、若さや従順さと結びついています。したがって、男性は「下」のほうにある女性を好ましく思うのです。

アメリカのゲティスバーグ大学のブライアン・メイヤーは、大学の卒業アルバムから男女100人ずつの写真を抜き出し、それぞれの顔に点数をつけてもらいました。そして、平均に近くて、同じような魅力の男女30人ずつの写真を使って、実験を行っています。実験の内容は、とてもシンプルです。コンピュータの画面に写真が出てくるので、それに点数をつけるだけ。ただし、半数のグループには、画面の「上部」付近に写真が提示され、別のグループには画面

■図表⑫ 写真の配置と魅力度の関係性

	写真の配置場所	魅力の得点
男性被験者	上に配置された女性	313.61
	下に配置された女性	319.17
女性被験者	上に配置された男性	298.47
	下に配置された男性	293.99

※数値の魅力は、1点から750点満点

（Meier, B. P. & Dionne, S. 2009より）

の「下部」付近に写真が提示されたのです。

すると、上の図表⑫のような結果になりました。データから、男性の写真は、上に提示されたときのほうが、女性からのウケがよくなり、女性の写真は、下に提示されたときのほうが、男性からのウケがいいことがわかります。

卒業アルバムの写真では、自分の顔がどの位置に置かれるのかを選ぶことはできませんが、もし運よく上のほうに置かれたら、男性なら女性にモテるでしょう。女性は、その反対です。ちなみに、名刺に自分の顔写真を刷り込んでいる人もよくいますが、男性の場合には、できるだけ名刺の「上」のほうに写真を置き、女性は「下」のほうに写真を置くと効果的です。そのほうが、それぞれが名刺を渡した相手からの印象がよくなるはずです。

89　夜になると女性が魅力的に見える理由

会社の同僚の女性と一緒にお酒を飲みに行ったりすると、男性はちょっとドキドキするものです。

なぜドキドキするのかというと、「あれっ、この人ってこんなにキレイだったっけ!?」という気持ちになるからなのです。昼間一緒に仕事をしているときには、そんなに魅力的に見えなかった女性でも、夕方になり、夜になると、どんどんキレイに見えてきてしまう、という心理効果があるのです。

女性がどれくらい魅力的に見えるのかは、時間帯によって変わってきます。夜が更けてくると、どんどんキレイに見えてくるのです。それを知っていれば、女性が魅力的に見えるという補正がかかってもそんなに驚かないのですが、知らない人は、ドキドキしてしまうでしょう。

米国オハイオ州にあるフランクリン大学のスティーブ・ニーダは、あるカントリー・アンド・ウェスタンのバーにいる男性客に、「店内にいる女性の魅力を評価してもらえないか?」とお願いしました。

図表⑬ 店内にいる女性の魅力評価

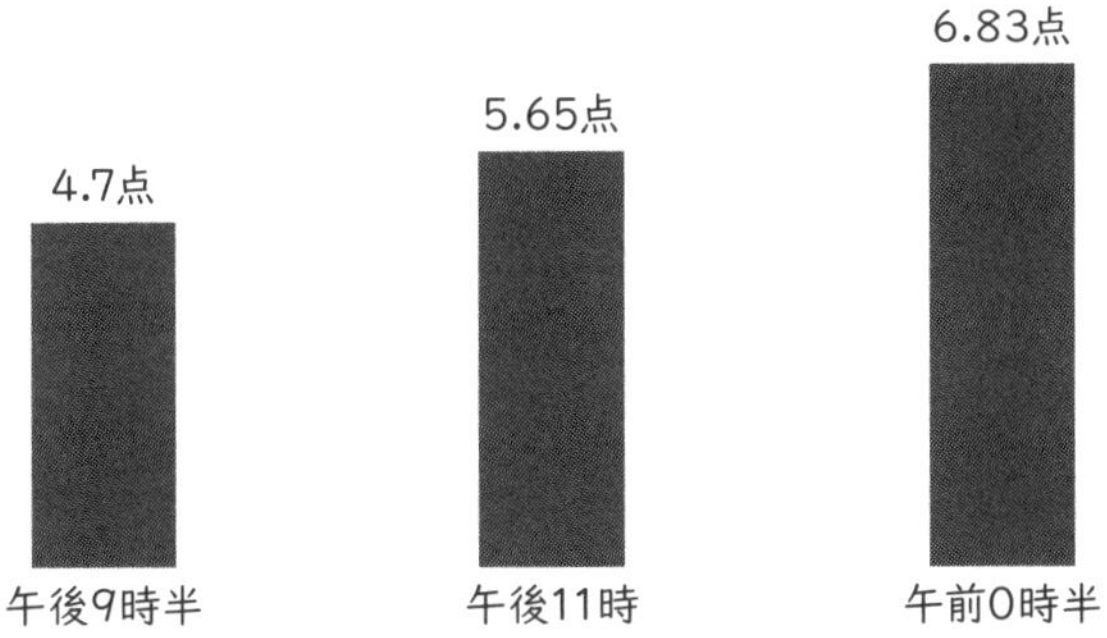

※数値は10点満点。10点に近いほど「女性を魅力的だと感じた」ことを示す

（Nida, S. A., & Koon, J. 1983より）

「全然ダメ」だと思うのなら1点、「とびきりキレイな子たちばかり」なら10点です。ニーダは、午後9時半、午後11時、真夜中の0時半に、店内にいる男性客に同じ依頼をしてみました。なお、閉店の時間は真夜中の1時でした。

上の図表⑬を見てください。時間が遅くなるほど、女性がキレイに見えるという傾向がはっきりと確認されたのです。

では、なぜ夜遅くになるにつれて、女性が魅力的に見えてしまうのでしょうか。

その理由はいくつか考えられるでしょうが、「もうどんな女性でもいいから、今晩一緒にいたい」と男性が思うようになるからです。

つまり、理想の女性のハードルが、どんどん下がっていくのです。どんな女性にも相手にされず、一人きりで帰るくらいなら、少しくらいブサイクな女性でも、いないよりははるかにマシ、という心理が働くのでしょう。

「なんだか、今日はやけにこの子がキレイに見えるな……」

「昼間より、ずっと魅力的だ……」

そう思うのは、単なる錯覚です。夜が深まると、女性が魅力的に見えるように補正がかかっているだけですから、いたずらに手を出して翌日に後悔するようなことがないようにしてください。

90 いま風の顔の男性より、ごつい顔の男性がモテる

男性は思春期を迎える頃に顔つきが変わります。

思春期になって、テストステロン（男性ホルモン）がどれだけ分泌されるかで、上唇から眉毛までの長さが変わってきます。一般に、あまりテストステロンが分泌されない男性は、女性的で、うりざね顔（やや面長な顔）になっていきますが、テストステロンがたくさん分泌される男性は、エラが張って、ヨコに大きな顔になります。

シンガポール・マネジメント大学のキャサリン・ヴァレンタインは、スピード・デート実験に参加した男性の顔立ちを調べて、どんな男性が女性にモテるのかを調べています。

スピード・デート実験とは、一人ひとりと3分間ずつおしゃべりして、デートするかどうか、お付き合いしてもよいかどうかを決めるという実験です。たった3分間で人を判断できるのかと思われるかもしれませんが、けっこうわかるものです。

わずか3分間でも実際に話してみると、相手の人柄や、将来性なども、わりと正しく判断できるのです。

さて、このスピード・デート実験で面白いことがわかりました。顔のタテの長さとヨコの幅で調べてみると、**ヨコに大きい顔（男性的な顔）の人のほうが、女性たちから、魅力的で、もう一度デートしてほしい、という評価を受けやすかった**のです。

面長で、女性的な顔立ちのほうが、なんとなくモテそうな気もするのですが、そうではありませんでした。がっしりした顔というか、いかつい顔の男性のほうが、実際にはモテモテだったのです。なぜそうなるのかというと、ヴァレンタインの分析によれば、男性的な顔の人のほうが社会に出て成功する可能性が高いからだそうです。

男性的な顔の人は、テストステロン（男性ホルモン）がたくさん出ているから、そういう顔になっているのです。男性ホルモンの分泌が多いということは、競争的で、積極的だということです。こういう人は負けず嫌いなので、社会の競争に出ても負けません。金銭的にも豊かになれる確率は高くなります。

ヴァレンタインによると、**女性は心のどこかで経済的に安心できる男を求めていて、直感的に、どういう男性が成功しやすいのかを見抜く**のだそうです。

その際に重要なのが顔立ちで、横幅のある男性的な顔かどうかで判断している、というのがヴァレンタインの分析です。

いかつい顔の男性は、自分の顔立ちがいま風ではないと嘆いているかもしれませんが、それは違います。女性は、いかつい顔の男性のほうが本当は好きなのです。

91 男性が興奮しているときの困った習性

性的な欲求を感じてムラムラしている男性は、ご注意ください。何気ない相手の行動も、すべて「自分を誘惑している」と感じてしまうからです。私たちは理性を失うとそういった勘違いをしやすくなります。

米国ネバダ大学のピーター・レリックは、興奮した男性は女性のどんな行動でも「誘惑」と受け取ってしまうのではないかと考えました。レリックは、ポルノを見せて十分興奮させた男性に、女性が取る25の行動について「性的に誘惑していると思うかどうか」を判断してもらいました。25の行動には「まったく性的な誘惑を感じさせないもの」「ほどほどに誘惑を感じさせるもの」「かなり露骨に誘惑しているもの」を用意しました。

誘惑を感じさせない行動には「ランチに行く」「香水をつけている」「むこうから話しかけてくる」といったもの、ほどほどに誘惑を感じさせる行動には「隣に座る」「電話番号を教えてくれる」といったものがありました。そして、露骨に誘惑している行動は「自分の裸の画像を送ってくる」などです。

さすがに女性と「ランチに行く」くらいでは、性的な誘惑と誤解する男性はいないように思います。けれども、ポルノを見せられて興奮している男性は違いました。ほとんど誘惑など感じさせない行動にさえ、「これは誘惑だ」と判断することが多かったのです。

女性にはそのつもりがないのに勝手に「誘惑している」と勘違いして、強引に女性に迫る男性もいるようです。そうした男性は、興奮して我を忘れているのでしょう。冷静さを失わないようにしたいものです。

昔の恋愛本などには、あまり女性とのお付き合いに慣れていない人は、デート当日の朝に自慰行為をして、すっきりしてから出かけなさい、といったアドバイスが書かれていることもあります。おかしなアドバイスと思われるかもしれませんが、理性を失わないためにはとても有益だと思います。すっきりして落ちついていれば、スマートに振る舞えるはずです。

「私はおかしなことをしないから大丈夫だよ」と思う男性もいるでしょう。

ただ、興奮したらどうなるかわからない気もします。日本で行われた調査によると、女性の13人に1人は男性から無理やりセックスを強要された経験があることがわかっています。女性の行動を誘惑だと誤解する男性は、想像以上に多いことがうかがわれます。

92 軽く運動した後や微熱のときの男性はモテる

女性に告白するのでしたら、軽く走ってきた後や、あるいは体調を少し崩して微熱があるときがよいかもしれません。おかしな話だと思われるかもしれませんが、心理学的にはそんな予想もできたりするのです。

運動と微熱には、共通点がないと思われるかもしれませんが、実は共通することがひとつあります。それは、どちらも「体温が上がっている状態」であることです。運動をすれば、当然、体温が上がり、顔も上気した感じになります。つまり少し赤みのある顔になるのです。微熱のときもそうです。体温が上がり、顔が少し火照った感じになります。こういうときに女性にモテやすくなります。

一部の鳥類や魚類では、オスの体表の〝赤さ〟が強さを表し、メスを惹きつけることが知られています。このメカニズムは人間にもあり、少し顔が火照ったような感じの顔は、人間の女性にも魅力的だと思われるようなのです。

マレーシアにあるノッティンガム大学のイアン・ステファンは、21人の男性の写真を用意し、45人の女性にコンピュータの画面でその写真を見せてみました。なお、女性は、マウスをクリックして、オリジナルの写真の顔に、赤みを足していく（または減らしていく）ことが求められました。赤みの段階は、プラス16からマイナス16までが準備されていました。

ステファンはまず女性たちに、「できるだけ攻撃的な人に見えるように赤みを変化させてください」とお願いしました。すると、女性たちは平均でプラス６・24にまで顔を赤くしました。

次に、「できるだけ強そうな人に見えるように」という指示では、プラス３・66でした。最後に、「できるだけ魅力的に見えるように」という指示ではプラス１・97という結果になりました。

つまり、**女性は、最も赤い顔を「怒りっぽい」と感じ、中くらいを「強そう」、ほんの少し赤みのある顔を「魅力的」と感じることが、この実験で確認された**のです。

女性は、ほんの少し赤みのある顔を魅力的だと思うのですから、ここから推論されることは、軽く運動した後の男性もモテるだろうし、微熱の男性もモテるだろう、ということです。

ただし、あくまでも赤みは、ほんの微《わず》かでなければなりません。激しく運動した後の真っ赤な顔では逆効果です。「怒りっぽい人なのかな」と思われてしまいます。

ベストな方法は、告白する前に、女性を軽いスポーツに誘ってみることです。ボルダリングとか、テニスなどを一緒にやりましょうと誘ってみてください。運動することによって顔も少し赤みが増しますから、みなさんの魅力も普段より２割〜３割ほど増して見えるはずです。

93 男性が「チラ見」をしてしまう理由

男性は、たとえ彼女と一緒に歩いているときにでも、他の女性が通りかかったりすると、ついつい、チラリとそちらに目を向けてしまうものです。

いわゆる「チラ見」と呼ばれる現象です。一緒にいる彼女のほうは、当然、面白くありませんから、「どうして私がいるのに、他の女に目をくれてんのよ!」と目を吊り上げて怒ることになるのですが、これは彼氏だけが悪いのではなく、どうも男性というものは誰でもそうしてしまうのが一般的な傾向のようなのです。

米国カリフォルニア大学ロサンゼルス校のドン・ヴォーンは、平均28・4歳の男女の成人に集まってもらい、75枚の異性の写真を見せて、一つひとつに魅力の得点をつけてもらいました。ただし、半分の写真を評価するときには、いくらでも好きなだけ眺めてもらって、残りの半分の写真を評価するときには、わずか225ミリ秒だけ見せました。225ミリ秒というのは、1秒に満たないほどの時間です。ほんの一瞬だけ「チラ見せ」する感じです。

その結果、男性はというと、チラ見をするときに、女性の魅力を高く評価するという、〝チラ見効果〟を起こすことがわかりました。まったく同じ女性を評価するときにも、時間がたっぷりあるときより、チラリと見たときのほうが74％の人は魅力を高く評価したのです。女性では、チラ見効果は起きませんでした。これは、いったいどういうことなのでしょうか。

ヴォーンによると、これは男女の恋愛戦略の違いに起因するようです。

男性にとっては、魅力的な女性を見逃してしまうことは、恋愛のチャンスを失うことになります。つまり、見逃しのコストが高いのです。そのため、男性は、できるだけ魅力的な女性を見逃さないよう、たとえ彼女（や配偶者）がいる人でも、他の女性がいると、本能的にそちらに目を向けてしまうのです。

女性は、そうではありません。女性は、つまらない男に引っかかることによるコストが高いのです。つまり、女性はできるだけ厳しい目で男性を見たほうがよくて、チラ見で男性を評価しないほうが恋愛はうまくいくのです。

こういう男女の恋愛戦略の違いによって、男性はチラ見をしやすく、女性はチラ見をしない、という違いが生まれてくるのです。

恋人のいる女性にとっては、自分の彼氏が他の女の子をチラ見するのは、面白くないかもしれませんが、それは彼氏だけがそうするのではなく、他の男性も同じことをするものだと割り切って考えてあげれば、そんなに腹も立たないのではないかと思います。

94 女性は年上を好む傾向がある

たいていの男性は、自分よりも若い女性を好みます。不思議なもので、女性はというと、年上の男性を好むのです。つまり、男女の好みがぴったりマッチングしているのです。本当に、うまくできているものです。しかも、「女性は年上を好む」という傾向は、世界中で見られます。

米国カリフォルニア大学サンタバーバラ校のキャサリン・ウォルターは、世界45カ国の1万4399人を対象に、異性の好みを調べてみました。

その結果、女性にははっきりと年上を好む、という傾向が見られたのです。同じような調査は、米国ミシガン大学のデビッド・バスも行っています。バスが調べたのは、世界37カ国でしたが、37カ国中37カ国で（つまりすべての国で）、女性は年上を好み、男性は年下を好む、という結果が得られたそうです。

どうして女性が年上を好むのかというと、女性が求めているものが「安心・安全」だからです。女性は、妊娠、出産をしなければならず、きちんと食べ物を持ってきてくれて、子どもも

自分もきちんと養ってくれそうな男性を選ぼうとします。一般に、若い男性に比べて、年上の男性のほうが経済力もありますから、女性が年上の男性を好むのは、理にかなった選択だといえるでしょう。ちなみに、男性が若い女性を好むのも、やはり自分の子孫を残すための戦略の一環だと考えられています。若い女性のほうが、健康な赤ちゃんを産んでくれる可能性が高いので、男性は若い女性を好むのだろう、と考えられています。

男性が、女性の胸やお尻が好きなのも、胸の大きさやお尻の大きさが、出産能力と関係しているからだ、と説明されることが多いです。

一応はこのように説明されていますが、もちろん、人間の好みに関しては、かなりの例外が認められます。「年下の男性のほうがいい」という女性はいくらでもおりますし、「姉さん女房のほうがいい」という男性も、やはりたくさんおります。

ここで紹介したのは、あくまでも一般的な傾向というだけですから、自分が好きになった人が、年上であっても、年下であっても、あまり気にせずにアプローチするのがよいのではないかな、と思います。やはり、自分の好きな人と結ばれるのが一番です。

「年の差婚」などという言葉もあり、いくら年齢が離れていようが、男女ともあまり気にしない方向へ行っているようにも思いますから、年齢はそんなに気にしなくてもよいのかもしれません。

95 女性は普通体型が一番モテる

日本人女性は欧米の女性と比べると、スレンダーな人が多いのに、それでもダイエットに精を出す女性がたくさんいます。ではなぜ、それほどムキになってダイエットに励むのでしょうか。おそらく、世の女性の大半は、「ほっそりした体型のほうが絶対的にトクだから」と感じているからです。細身の体型のほうが、男性からのウケもよく、生きていく上で何かと優遇してもらえる、と信じているのでしょう。

けれども、痩せすぎというのは、太りすぎと同じように、あまりトクをしないことが実験的に確かめられています。

イギリスにあるアングリア・ラスキン大学のヴィレン・スワミは、数多くの男性に、いろいろな体型の女性を見せて、「あなたが管理職なら、彼女を採用するか?」と質問してみました。また、「彼女が困っていたら、助けるか?」とも質問してみました。

その結果、太っている女性（ＢＭＩが30以上）の場合では、採用もしないし、助けもしない、という回答が多く見られました。太っている人は、何かと差別を受けやすいというのは、なんとなく想像ができます。

ところが、興味深いのは、痩せすぎの女性もまた差別を受けてしまうところです。

スワミが調べてみると、痩せすぎの女性（BMIが15以下）も、太りすぎの女性と同じように、採用もしてもらえませんし、助けてももらえない、という結果が出たのです。

男性にとっては、やはりごくごく普通の体型の女性が一番好ましいと感じるようです。

スレンダーな女性は、もちろん魅力的です。しかし、スレンダーで魅力的な女性が困っているとき、男性というものは、「なんだか下心があると思われてしまいそう」と感じて、手助けするのをためらってしまうところがあるのです。高嶺の花には、声をかけにくい、という心理が働くこともあるでしょう。

その点、ごく普通の体型の女性が困っていたら、「大丈夫？　何か手伝おうか？」とすぐに声をかけることができます。相手が普通の体型の人なら、声をかけるのもそんなに抵抗がないのです。

女性のみなさんは、魅力を磨くために、必死になってダイエットをしていますが、スレンダーな体型を手に入れて魅力的になりすぎると、かえって男性から敬遠されがちになる、ということも知っておいたほうがいいかもしれません。

やはり何事も普通が一番、ということでしょう。

96 自分が望まない妊娠をしてしまう可能性は？

男性が避妊を嫌がるのはわかるのですが、女性の中にも、「避妊しない」という人はかなり多いようです。どうも人間は「自分だけは大丈夫」と思ってしまうようです。

妊娠、出産という大変なリスクを抱えている以上、安易なセックスは女性にとって避けたい行為のはず。にもかかわらず、なぜ避妊をしない女性が多いのでしょうか。

米国カリフォルニア州にあるサンタ・クララ大学のジェリー・バーガーは、「自分だけは大丈夫」だと勝手に思い込んでいるからではないか、と考えました。もともと人間には、「自分だけは大丈夫」と思い込みたがるところがあるのですが、妊娠可能性についても、「自分だけは大丈夫だよ」と女性は思っているのではないかとバーガーは考えたのです。

そこでバーガーは女子大学生たちに、「あなたがこれからの1年間で、自分が望んでいない妊娠をしてしまう可能性は、どれくらいだと思いますか？」というアンケートを配布してみました。さらにバーガーは、「自分以外の平均的な女子大学生が、望んでいない妊娠をする可能性」「自分と同年齢の平均的な女性が、望んでいない妊娠をする可能性」「子どもがいてもいい

■図表⑭　望んでいない妊娠をする可能性

	これからの1年間で、望んでいない妊娠をしてしまう可能性
自分自身	9.24%
自分以外の平均的な女子大学生	26.97%
同年齢の平均的な女性	42.59%
子どもがいてもいい年齢の平均的な女性	46.03%

※数値は0%が「まったく妊娠しないだろう」、100%が「確実に妊娠するだろう」と考えていることを示す

（Burger, J. M., & Burns, L. 1988より）


年齢の平均的な女性が、望んでいない妊娠をする可能性」についても推測させてみました。

するとと上の図表⑭のような結果になったそうです。

言うまでもありませんが、コンドームなどを使用せずにセックスしていたら、誰でも等しい確率で妊娠するのです。にもかかわらず、女子大学生は「自分だけは大丈夫」と根拠もなく信じ込んでいました。妊娠すると思っていたのは、わずか10％未満だけです。

どんなこともそうですが、自分だけは例外的に大丈夫、ということはありません。リスクは、誰に対しても等しく存在するのです。

そんなことは誰でもわかっているはずなのに、それでもやっぱり、「自分だけは大丈夫」だと思ってしまうのでしょう。これが、人間のよくないところなのです。

97 お酒を飲むと異性が魅力的に見えてくる理由

お酒を飲むと、なぜか異性がものすごく魅力的に見えてくることがあります。

これを心理学では、〝ビア・ゴーグル効果〟と言います。ビールを飲んで酔っ払うと、目の前にいる人が魅力的に感じられる「色メガネ（ゴーグル）」をかけて、相手を見るようになってしまう、という意味です。

普段何とも思っていなかった職場の同僚などと一緒にお酒を飲みに行ったときに、こんなことはないでしょうか。

「あれれ。この人、こんなに可愛かったっけ?」

「あらっ。この方って、こんなにイケメンだったかしら?」

そんなふうに思ってしまうのは、まさにビア・ゴーグル効果によるものと思ってよいでしょう。

さて、お酒を飲んで酔っ払うと、もうひとつ面白い現象が起きます。**異性が魅力的に見えるだけでなく、なんと自分自身についても魅力が増したと感じてしまう**のです。人間って、本当におバカさんですね（笑）。

フランスにあるグルノーブル・アルプ大学のローレント・ベーグは、バーにやって来たお客さんに対して、「あなたは、自分のことをどれくらい魅力的で、聡明で、個性的で、楽しい人間だと思いますか？」と尋ねてみました。さらに、アルコール検知器を使って、血中アルコール濃度も調べました。

すると、どうでしょう。血中アルコール濃度が高い人ほど、つまり酔っ払っている人ほど、「俺はイケメン」「私は、けっこうイケてる」と高く評価していることがわかったのです。

お酒を飲むと、自分を魅力的に感じるだけでなく、頭もよくてユニークな人間なのだと勘違いしてしまうようです。

そういえば、女性のホステスがお酒を作ってくれるクラブのようなお店に行くと、たいていの男性客はホステスみんなが自分の魅力に夢中になっていると錯覚するようです。たぶんお酒を飲んでいい具合に酔っ払っているため、自分のことを客観的に判断できなくなっているのでしょう。

よく考えてみれば、歳の離れた男性のことを、若い女性が魅力的に感じることはそう多くないと思われます。クラブで酔っ払った男性客は、そうした冷静な判断ができないのです。そうして気分がよくなって、たくさんお金を使ってしまうのでしょう。

ただし、いつも自己嫌悪感ばかりが強く、自分に自信を持てないような人は、ときどきお酒の力を借りるのも悪くはありません。

たとえば、大好きな異性がいるのになかなか告白する勇気を持てない人は、この際ですからお酒の力を借りましょう。

ほどよく酔っ払えば、「自分だって、そんなに悪くないはずだ」と自己評価が高まり、勇気を出して「お付き合いしてほしい」とお願いできるかもしれません。

もちろん、あまり酔っ払いすぎていると、相手にマジメに受け取ってもらえない可能性も高くなります。あくまでお酒はほどほどに。ほろ酔い状態くらいで告白するのがいいでしょう。

98 男性が見るところ、女性が見るところ

「しっかりと靴を磨いておきなさい。そういうところも相手にはしっかり見られています」などと書かれているビジネス本があります。

しかし、これは半分ウソです。なぜ半分かというと、男性には当てはまらないからです。**男性の場合、相手によく見られるのは「顔」**です。ほとんど顔しか見られません。下半身、とりわけ靴などを見られることは滅多にないのですから、少しくらい靴に泥がついていようが、相手に気づかれることはありません。

女性の場合には、相手に見られる範囲は「身体全体」になります。したがって、女性の場合には靴にまで気を配ったほうがいい、ということがいえます。

米国カリフォルニア州立大学のデイン・アーチャーは、『タイム』『ニューズウィーク』『Ms.』『サンフランシスコ・クロニクル』『サンタクルス・センチネル』の5つの雑誌に出てくる男性と女性の写真を分析してみました。

ただし、写真は一人だけで映っているものに限り、さらに身体の一部を強調する目的の写真は除きました。化粧品、洋服、スポーツ関連用品などの広告は除外したのです。また、人と一

緒に動物（ゾウなど）や自動車などが映っているものも最初から除外しました。

こういう基準で写真を集めたところ、１７５０枚の写真が集まったのですが、男性がモデルの写真では65％が顔を大写しにしたものでした。女性の場合は45％が顔でしたが、身体が映っているもののほうが多いことがわかりました。男性を見る人は顔に注目するから、男性のモデルの写真でも顔が中心になるわけですね。女性の場合には身体も見る人が多いので、女性モデルの身体も写されているのでしょう。

ディーンはさらに、15世紀以降の絵画でも同じ調査をしてみたのですが、やはり男性は顔が中心に描かれていて、女性は身体を含めて描かれている、という違いがありました。


男性は、とにかく顔がよく見られるので、人に会うときには女性以上にしっかりと自分の顔を鏡で確認しておくことが大切です。目ヤニがついていたり、鼻毛が出ていたり、髪の毛にフケがあったりすると、いっぺんに悪い印象を与えてしまいかねません。逆にいうと、男性はとりあえず顔だけしっかり確認しておけば、それ以外のところでは少しくらい手を抜いてもいいということです。

女性はそういうわけにはいきません。女性は、身体全体を相手に見られるのですから、どこも手を抜くわけにはいかないということを肝に銘じておきましょう。

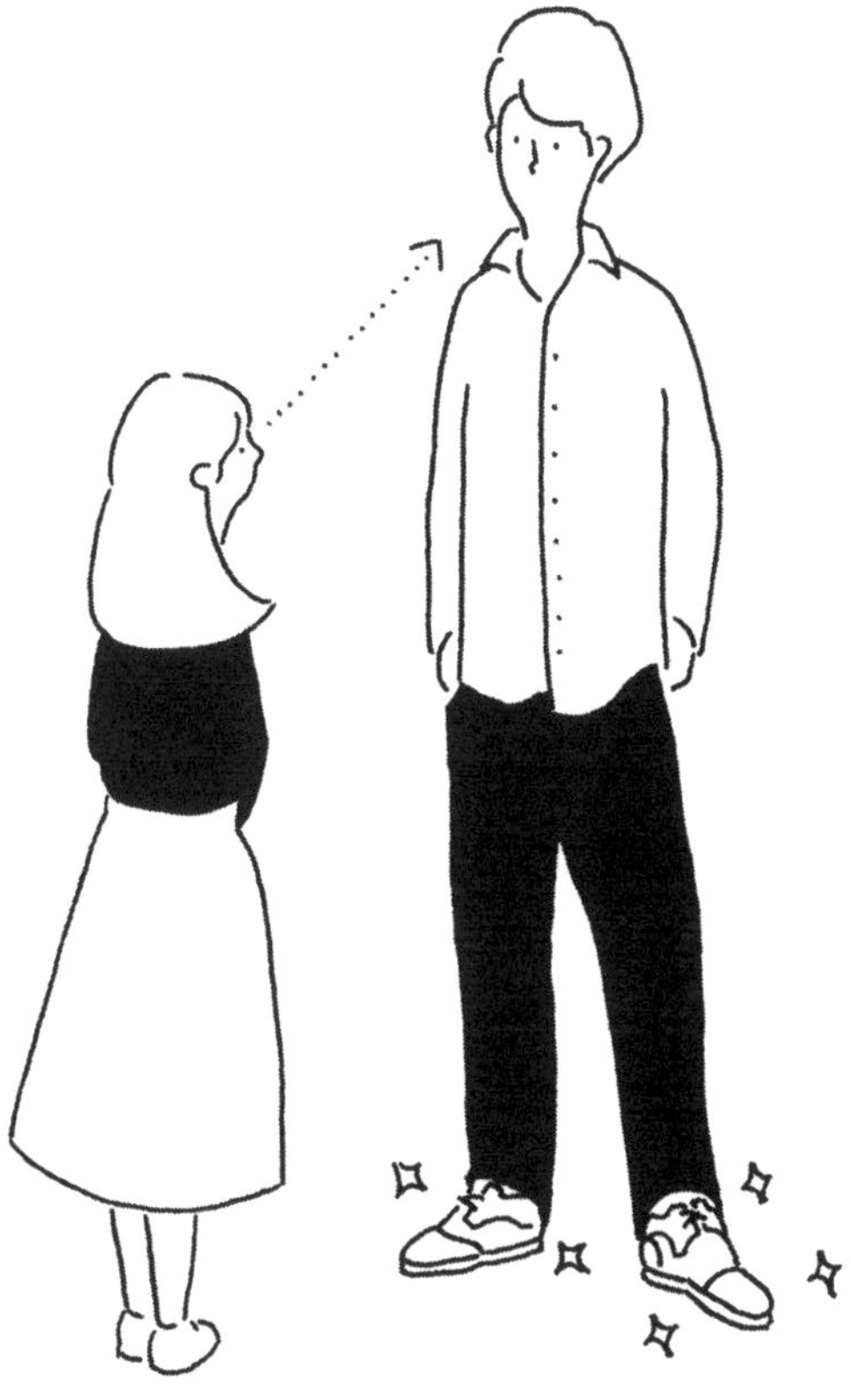

99 エッチと思われたい男、そうは思われたくない女

男性と女性の間には、いろいろと興味深い違いが見られます。

ポルノに関しても面白い違いがあります。インターネットを使ってポルノを視聴している時間を調べてみると、男性は「たくさん見る」といったウソをつきやすく、女性は「あまり見ない」といったウソをつきやすいのです。

どうしてお互いにそんなウソをつくのかはよくわかりません。けれども、どうもそういう傾向があるようです。

イスラエルにあるテル＝ハイ学院大学のミーラブ・ヘンは、男女がインターネットでどれくらいポルノに接触しているのかを調べ、見ている時間をそれぞれに尋ねてみました。

その結果、男性は「たくさん見ている」と答えやすいことがわかりました。42・86％の男性が実際の視聴時間よりも多めに答えて、少なく答えたのは14・29％にすぎなかったのです。

たとえば、1週間で合計3時間ポルノを視聴している男性がいるとします。

普通に「3時間」と答えればよいのに、「1週間で5時間くらい見ている」と、なぜかあえて視聴時間を水増しして答える傾向があったのです。

女性はというと、まったく逆の答え方をしました。女性は「あまり見ていない」といったような答え方をしやすく、53・57％が実際の視聴時間よりも短く答えました。

実際よりも多い時間を答えたのは21・43％と、男性とはまるで反対だったのです。

実際は1週間で合計5時間ポルノを視聴していても、「2時間くらいしか見てません」と答えるのが普通だったのです。

男性にとっては、エッチであることが男性的な証拠になるようです。だからそういうウソをついて、「自分はエッチな男だ」ということを誇示したいのでしょう。

エッチであることを隠す必要がないばかりか、むしろ水増ししてアピールしたほうが有利になるのかもしれません。

ところが**女性はというと、「私はそういうものに興味がありません」とアピールしたほうが、自分の印象をよくすることができる**のでしょう。慎み深い印象を与えられるようです。

男性も女性も、自分の印象をよくするためにウソをつきます。けれどもウソのつき方が逆のこともあるのです。

100 男性も、女性も空想するのはエッチなことばかり

手持ち無沙汰で何もすることがないときには、とりとめのないことが頭に浮かんでくるもの。電車に揺られているとき、ぼんやりと空想にふけるのは、楽しいヒマつぶしになります。

自分が空想する内容については、自分のことですからよくわかると思いますが、それではいったい他の人はどんなことを空想しているのでしょうか。他人の頭の中を直接のぞきこむことはできませんので、これは非常に気になります。

オハイオ州立大学のテリー・フィッシャーは、283人の大学生に、数を数えるときに使うカウンターを渡して、生理的欲求にかかわる空想が浮かぶたびに、その回数をカウントしてもらいました。生理的欲求というのは、具体的には、「食べ物」「睡眠」「セックス」の3つです。

大学生は、一日中、何かを空想するたびに「カチカチ……」とカウンターを押さなければならなかったので、とても大変な思いをしたでしょう。しかも、この計測は1週間も続いたのです。

その結果は、次の図表⑭のようになりました。**男性も女性も、空想の内容としては、エッチ**

■図表⑮ 生理的欲求にかかわる空想をした回数

	男	女
食べ物	25.1回	15.3回
睡眠	29.0回	13.4回
セックス	34.2回	18.6回

※数値は、1週間の合計を7で割った数値。1日当たりの空想回数

（Fisher, T. D., Moore, Z. T., & Pittenger, M. J. 2011より）

なことを考えることが一番多いようです。私には、ちょっと意外な結果でした。

食いしん坊の私は、「食べ物」が一番多いような気がしたのです。特に、女性は、甘いスイーツなどを空想するのではないかと思っていたので、意外な結果でした。

ただし、この結果は、実験に参加したのが若い大学生だった、ということもあるでしょう。若者なので、男女ともエッチなことばかり考えてしまったのかもしれません。もう少し幅広い年代の人の空想を調べたら、違う結果になっていた可能性があります。もうひとつ面白いのは、女性に比べて、男性のほうが空想にふける回数が多いこと。男性は、ヒマさえあれば、空想（妄想？）にふけるようです。

３つの空想を合計した数値は、男性は、**一日のうちで、女性の約2倍もたくさん空想しているのです。これは「空想しすぎ」といっていい**でしょう。あるいは、男性のほうが、基本的な生理的欲求が、女性よりも強い、といえるのかもしれません。

あとがき

本書でご紹介してきた心理学の研究はいかがだったでしょうか？

「心理学ってめちゃめちゃ面白いなあ」
「へー、人間ってそういう行動を取るんだなあ」
「この話は雑談にも使えそうだなあ」

このように、読者のみなさんに少しでも心理学の面白さを感じていただけたら、とても嬉しいです。心理学にはまだまだびっくりするような面白い研究や調査がたくさんあります。

本書では「対人心理学」を中心にテーマを絞り込みましたが、心理学というのは、「何でもアリ」の学問ですので、本書の内容も、あえて「何でもアリ」にしました。

あまりにも扱っているテーマの幅が広すぎて、本当に「対人心理学」の本なのか、私にも途中でよくわからなくなってしまいました（笑）。それだけ多様なテーマの論文をご紹介してきたつもりです。研究の中には、「これって、本当に対人心理学？」と思われるようなものもたくさん含まれていると思うのですが、それが心理学です。基本的には、何をやっても許されてしまう学問です。

さて、本書は『世界最先端の研究が教える すごい心理学』『世界最先端の研究が教える もっとすごい心理学』『世界最先端の研究が教える さらにすごい心理学』『世界最先端の研究が教える新事実 心理学BEST100』、『最新科学でわかった「人の心」のトリセツ 世界最先端の研究が教える新事実 人間関係BEST100』『世界の心理学者が研究していること』から一部を抜粋、加筆、再編集したものになります。

本書の編集にあたっては総合法令出版さんにお世話になりました。この場を借りてお礼を申し上げます。読者にとって、読みやすく、見やすい本になっているのは、すべて総合法令出版さんの努力の賜物です。

最後になりましたが、読者のみなさんにもお礼を申し上げます。最後までお読みくださり、心より感謝いたします。ありがとうございました。

本書をお読みいただき、「すごいな！ 心理学というのは!!」と感じてくださったのだとしたら、著者としてこれ以上の幸せはありません。

またそのうちにお目にかかりましょう。紙面もつきましたので、ここで筆をおきます。

内藤誼人

interpersonal warmth. Science, 322(5901), 606-7.
Wiltermuth, S. C., & Heath, C. 2009 Synchrony and cooperation. Psychological Science, 20, 1-5.
Zeidner, M., & Schleyer, E. J. 1998 The big-fish-little-pond effect for academic self-concept, test anxiety, and school grades in gifted children. Contemporary Educational Psychology, 24, 305-329.

Acta Psychologica, 47, 143-148.
Swami, V., Chan, F., Wong, V., Furnham, A., & Tovee, M. J. 2008 Weight-based discrimination in occupational hiring and helping behavior. Journal of Applied Social Psychology, 38, 968-981.
Tiedens, L. Z. & Fragale, A. R. 2003 Power moves: Complementarity in dominant and submissive nonverbal behavior. Journal of Personality and Social Psychology,84, 558-568.
Uecker, J. E., & Regnerus, M. D. 2010 Bare market: Campus sex ratios, romantic relationships, and sexual behavior. Sociological Quarterly, 51, 408-435.
Van Baaren, R. B., Holland, R. W., Steenaert, B., & van Knippenberg, A. 2003 Mimicry for money: Behavioral consequences of imitation. Journal of Experimental Social Psychology, 39, 393-398.
Veneziano, L., & Veneziano, C. 2000 Should there be a duty to report crime? Psychological reports, 87, 423-430.
Valentine, K. A., Li, N. P., Penke, L., & Perrett, D. I. 2014 Judging a man by the width of his face: The role of facial ratios and dominance in mate choice at speeddating events. Psychological Science, 25, 806-811.
Vaughn, D. A. & Eagleman, D. M. 2017 Briefly glimpsed people are more attractive. Archives of Neuroscience, 20, e28543.
Walter, K. V., et al. 2020 Sex differences in mate preferences across 45 countries: A large-scale replication. Psychological Science, 31, 408-423.
Wegner, D. M., Ansfeld, M., Pilloff, D. 1998 The putt and the pendulum: Ironic effects of the mental control of action. Psychological Science, 9, 196-199.
Wegner, D. M., Wenzlaff, R. M., & Kozak, M. 2004 Dream rebound. The return of suppressed thoughts in dreams. Psychological Science, 15, 232-236.
Weiss, M. R., McCullagh, P., Smith, A. L., & Berlant, A. R. 1998 Observational learning and the fearful child: Influence of peer models on swimming skill performance and psychological responses. Research Quarterly for Exercise and Sport, 69, 380-394.
Wentzel, K. R., Barry, C. M., & Caldwell, K. A. 2004 Friendships in middle school: Influences on motivation and school adjustment. Journal of Educational Psychology, 96, 195-203.
Williams, L. E., & Bargh, J. A. 2008 Experiencing physical warmth promotes

willingness. Journal of Social Psychology, 160, 520-533.
Rogelberg, S. G., Allen, J. A., Shanock, L., Scott, C., & Shuffler, M. 2010 Employee satisfaction with meetings: A contemporary facet of job satisfaction. Human Resource Management, 49, 149-172.
Ross, M., & Sicoly, F. 1979 Egocentric biases in availability and attribution. Journal of Personality and Social Psychology, 37, 322-336.
Scheibehenne, B., Mata, J., & Todd, P. M. 2011 Older but not wiser-Predicting a partner's preferences gets worse with age. Journal of Consumer Psychology, 21, 184-191.
Schilt, K. & Wiswall, M. 2008 Before and after: Gender transitions, human capital, and workplace experiences. The B. E. Journal of Economic Analysis & Policy, 8, Article 39.
Schloss, K. B., Poggesi, R. M., & Palmer, S. E. 2011 Effects of university affiliation and "school spirit" on color preferences: Berkeley versus Stanford. Psychonomic Bulletin Review, 18, 498-504.
Sedikides, C., & Jackson, J. M. 1990 Social impact theory: A field test of source strength, source immediacy and number of targets. Basic and Applied Social Psychology, 11, 273-281.
Si, K., Dai, X., & Wyer, R. S. Jr. 2021 The friend number paradox. Journal of Personality and Social Psychology, 120, 84-98.
Skolnick, P. 1977 Helping as a function of time of day, location, and sex of victim. Journal of Social Psychology, 102, 61-62.
Stephen, I. D., Oldham, F. H., Perrett, D. I., & Barton, R. A. 2012 Redness enhances perceived aggression, dominance and attractiveness in men's faces. Evolutionary Psychology, 10, 562-572.
Stevenson, B., & Wolfers, J. 2009 The paradox of declining female happiness. National bureau of Economic Review Working Paper, No. 14969, May.
Stinson, D. A., Cameron, J.J., Wood, J. V., Gaucher, D., & Holmes, J. G. 2009 Deconstructing the "Reign of Error": Interpersonal warmth explains the selffulfilling prophecy of anticipated acceptance. Personality and Social Psychology Bulletin, 35, 1165-1178.
Svenson, O. 1981 Are we all less risky and more skilled than our fellow drivers?

behavior among low-income boys. Journal of Child Psychology and Psychiatry, 56, 1055-1064.
Oswald, A. J., Proto, E., & Sgroi, D. 2015 Happiness and productivity. Journal of Labor Economics, 33, 789-822.
Ottati, V., Terkildsen, N., & Hubbard, C. 1997 Happy faces elicit heuristic processing in a televised impession information task: A cognitive tuning account. Personality and Social Psychology Bulletin, 23, 1144-1156.
O'quin, K., & Aronoff, J. 1981 Humor as a technique of social influence. Social Psychology Quarterly, 44, 349-357.
Padgett, V. R., & Jorgenson, D. O. 1982 Superstition and economic threat: Germany, 1918-1940. Personality and Social Psychology Bulletin, 8, 736-741.
Perlow, L. A., Hadley, C. N., & Eun, E. 2017 Stop the meeting madness. Harvard Business Review, July-Aug.
Peters, B. L., & Stringham, E. 2006 No Booze? You may lose: Why drinkers earn more money than nondrinkers. Journal of Labor Research, 27, 411-421.
Pliner, P., & Chaiken, S. 1990 Eating, social motives, and self-presentation in women and men. Journal of Experimental Social Psychology ,26, 240-254.
Primack, B. A., Shensa, A., Sidani, J. E., Whaite, E. O., Lin, L., Rosen, D., Colditz, J. B., Radovic, A., & Miller, E. 2017 Social media use and social isolation among young adults in the United States. American Journal of Preventive Medicine, 53, 1-8.
Quine, L. 2001 Workplace bullying in nurses. Journal of Health Psychology, 6, 73-84.
Raifman, J., Moscoe, E., Austin, B., & McConnell, M. 2017 Difference-indifferences analysis of the association between state same-sex marriage policies and adolescent suicide attempts. Journal of the American Medical Association, 171, 350-356.
Ramos, J. & Torgler, B. 2012 Are academics messy? Testing the broken windows theory with a field experiment in the work environment. Review of Law and Economics, 8, 563-577.
Rerick, P. O., Livingston, T. N., & Davis, D. 2020 Does the horny man think women want him too? Effects of male sexual arousal on perceptions of female sexual

midlife. A 35-year follow-up of the Harvard Mastery of Stress Study. Psychosomatic Medicine, 59, 144-149.

Mackinnon, S. P., Jordan, C. H., & Wilson, A. E. 2011 Birds of a feather sit together: Physical similarity predicts seating choice. Personality and Social Psychology Bulletin, 37, 879-892.

McGuigan, N., Makinson, J., & Whiten, A. 2011 From over-imitation to supercopying: Adults imitate causally irrelevant aspects of tool use with higher fidelity than young children. British Journal of Psychology, 102, 1-18.

McPherson, M., Smith-Lovin, L., & Brashears, M. E. 2006 Social isolation in America: Changes in core discussion networks over two decades. American Sociological Review, 71, 353-375.

Meier, B. P. & Dionne, S. 2009 Downright sexy: Verticality, implicit power, and perceived physical attractiveness. Social Cognition, 27, 883-892.

Meredith, M., & Salant, Y. 2013 On the causes and consequences of ballot ordereffects. Political Behavior, 35, 175-197.

Mononen, K. 2003 The effects of augmented feedback on motor skill learning in shooting: A feedback training intervention among inexperienced rifle shooters. Journal of Sports Sciences, 21, 867-876.

Moreland, R. L., & Beach, S. R. 1992 Exposure effects in the classroom: The development of affinity among students. Journal of Experimental Social Psychology, 28, 255-276.

Muise, A., Christofides, E., & Desmarais, S. 2014 "Creeping" or just information seeking? Gender differences in partner monitoring in response to jealousy on facebook. Personal Relationships, 21, 35-50.

Mullen, B., Copper, C., & Driskell, J. E. 1990 Jaywalking as a function of model behavior. Personality and Social Psychology Bulletin, 16, 320-330.

Murnigham, J. K., & Conlon, D. E. 1991 The dynamics of intense work groups: A study of British string quartets. Administrative Science Quarterly, 36, 165-186.

Nida, S. A., & Koon, J. 1983 They get better looking at closing time around here, too. Psychological Reports, 52, 657-658.

Odgers, C. L., Donley, S., Caspi, A., Bates, C. J., & Moffitt, T. E. 2015 Living alongside more affl uent neighbors predicts greater involvement in antisocial

bystanders. Journal of Social Psychology, 125, 653-658.
Hoorens, V., Nuttin, J. M., Herman, I. E., & Pavakanun, U. 1990 Mastery pleasure versus mere ownership: A quasi-experimental cross-cultural and cross – alphabetical test of the name letter effect. European Journal of Social Psychology,20, 181-205.
Huang, K., Yeomans, M., Brooks, A. W., Minson, J., & Gino, F. 2017 It doesn't hurt to ask: Question-asking increases liking. Journal of Personality and Social Psychology, 113, 430-452.
Johnson, R. D., & Downing, L. L. 1979 Deindividuation and valence of cues: Effects on prosocial and antisocial behavior. Journal of Personality and Social Psychology, 37, 1532-1538.
Keating, C. F., Pomerantz, J., Pommer, S. D., Ritt, S. J. H., Miller, L. M., & McCormick,J. 2005 Going to college and unpacking hazing: A functional approach to decrypting initiation practices among undergraduates. Group Dynamics: Theory, Research, and Practice, 9, 104-126.
Kellerman, J., Lewis, J., & Laird, J. D. 1989 Looking and loving: The effects of mutual gaze on feelings of romantic love. Journal of Research in Personality, 23, 145-161.
Kitzmann, K. M., Cohen, R., & Lockwood, R. L. 2002 Are only children missing out? Comparison of the peer-related social competence of only children and siblings. Journal of Personal Relationships, 19, 299-316.
Knight, A. P. & Baer, M. 2014 Get up, stand up: The effects of a non-sedentary workspace on information elaboration and group performance. Social Psychological and Personality Science, 5, 910-917.
Kock, N., Chatelain-Jardon, R., & Carmona, J. 2010 Surprise and human evolution: How a snake screen enhanced knowledge transfer through a web interface. Evolutionary Psychology and Information Systems Research, 24, 103-118.
Koppell, J. G., & Steen, J. A. 2004 The effects of ballot position on election outcomes. Journal of Politics, 66, 267-281.
Leader, T., Mullen, B., & Abrams, D. 2007 Without mercy: The immediate impact of group size on lynch mob atrocity. Personality and Social Psychology Bulletin,33, 1340-1352.
Linda, R. & Gary, S. 1997 Perceptions of parental caring predict health status in

Evans, G. W., & Wener, R. E. 2007 Crowding and personal space invasion on the train: Please don't make me sit in the middle. Journal of Environmental Psychology, 27, 90-94.
Finkelstein, S. R., & Fishbach, A. 2012 Tell me what I did wrong: Experts seek and respond to negative feedback. Journal of Consumer Research, 39, 22-38.
Fisher, T. D., Moore, Z. T., & Pittenger, M. J. 2011 Sex on the brain? An examination of frequency of sexual cognitions as a function of gender, erotophilia, and social desirability. Journal of Sex Research, 49, 1-9.
Fraley, B., & Aron, A. 2004 The effect of a shared humorous experience on closeness in initial encounters. Personal Relationships, 11, 61-78.
Francis-Tan, A., & Mialon, H. M. 2015 "A diamond is forever" and other fairy tales: The relationship between wedding expenses and marriage duration. Economic Inquiry, 53, 1919-1930.
Frank, R. H., Gilovich, T., & Regan, D. T. 1993 Does studying economics inhibit cooperation. Journal of Economic Perspectives, 7, 159-171.
Frimer, J. A., Skitka, L. J., & Motyl, M. 2017 Liberals and conservatives are similarly motivated to avoid exposure to one another's opinions. Journal of Experimental Social Psychology, 72, 1-12.
Fritz, C., Curtin, J., Poitevineau, J., Morrel-Samuels, P., & Tao, F. C. 2012 Player preferences among new and old violins. Proceedings of the National Academy of Sciences of the United States of America, 109, 760-763.
Gonsalkorale, K., & Williams, K. D. 2007 The KKK won't let me play: Ostracism even by a despised outgroup hurts. European Journal of Social Psychology, 37, 1176-1186.
Greenwald, A. G., & Schuh, E. S. 1994 An ethnic bias in scientific citations. European Journal of Social Psychology, 24, 623-639.
Hamlet, C. C., Axelrod, S., & Kuerschner, S. 1984 Eye contact as an antecedent to compliant behavior. Journal of Applied Behavior Analysis, 17, 553-557.
Haran, U. 2013 A person-organization discontinuity in contract perception: Why corporations can get away with breaking contracts but individuals can not. Management Science, 59, 2837-2853.
Harari, H., Harari, O., & White, R. V. 1985 The reaction to rape by American male

aiding behavior. Journal of Personality and Social Psychology, 6, 400-407.
Chandler, J., & Schwarz, N. 2009 How extending your middle finger affects your perception of others: Learned movements influence concepts accessibility. Journal of Experimental Social Psychology, 45, 123-128.
Chen, P., Myers, C. G., Kopelman, S., & Garcia, S. M. 2012 The hierarchical face: Higher ranking lead to less cooperative looks. Journal of Applied Psychology, 97, 479-486.
Cikara, M. & Fiske, S. T. 2012 Stereotypes and schadenfreude: Affective and physiological markers of pleasure at outgroup misfortunes. Social Psychological and Personality Science, 3, 63-71.
Cooney, G., Gilbert, D. T., & Wilson, T. D. 2014 The unforeseen costs of extraordinary experience. Psychological Science, 25, 2259-2265.
Dean, L. M., Willis, F. N., & Hewitt, J. 1975 Initial interaction distance among individual equal and unequal in military rank. Journal of Personality and Social Psychology, 32, 294-299.
Dekovic, M., & Janssens, J. M. A. M. 1992 Parents' child-rearing style and child's sociometric status. Developmental Psychology, 28, 925-932.
Derks, B., Van Laar, C., & Ellemers, N. 2016 The queen bee phenomenon: Why women leaders distance themselves from junior women. The Leadership Quarterly, 27, 456-469.
Deri, S., Davidai, S., & Gilovich, T. 2017 Home alone: Why people believe others' social lives are richer than their own. Journal of Personality and Social Psychology,113, 858-877.
Diener, E., Wolsic, B., & Fujita, F. 1995 Physical attractiveness and subjective wellbeing. Journal of Personality and Social Psychology, 69, 120-129.
Eidelman, S., & Biernat, M. 2003 Derogating black sheep: Individual or group protection? Journal of Experimental Social Psychology, 39, 602-609.
Ein-Dor, T., Reizer, A., Shaver, P. R., & Dotan, E. 2012 Standoffish perhaps, but successful as well: Evidence that avoidant attachment can be beneficial in professional tennis and computer science. Journal of Personality, 80, 749-768.
Ellison, P. A., Govern, J. M., Petri, H. L., & Figler, M. H. 1995 Anonymity and aggressive driving behavior: A fi eld study. Journal of Social Behavior and Personality, 10, 265-272.

参考文献

Archer, D., Iritani, B., Kimes, D. D., & Barrios, M. 1983 Face-ism: Five studies of sex differences in facial prominence. Journal of Personality and Social Psychology,45, 725-735.

Armstrong, J. S. 1998 Are student ratings of instruction useful? American Psychologist, 53, 1223-1224.

Bastian, B., Jetten, J., Chen, H., Radke, H. R. M., Harding, J. F., & Fasoli, F. 2004 Losing our humanity: The self-dehumanizing consequences of social ostracism. Personality and Social Psychology Bulletin, 39, 156-169.

Baum, S. & Goodstein, E. 2005 Gender imbalance in college applications: Does it lead to a preference for men in the admissions process? Economics of Education Review, 24, 665-675.

Begue, L., Bushman, B. J., Zerhouni, O., Subra, B., & Ourabah, M. 2013 Beauty is in the eye of the beerholder: People who think they are drunk also think they are attractive. British Journal of Psychology, 104, 225-234.

Bendersky, C., & Shah, N. P. 2013 The downfall of extraverts and rise of neurotics: The dynamic process of status allocation in task groups. Academy of Management Journal, 56, 387-406.

Bohns, V. K., & Flynn, F. J. 2010 "Why didn't you just ask?" Underestimating the discomfort of help-seeking. Journal of Experimental Social Psychology, 46, 402-409.

Bosson, J. K., Johnson, A. B., Niederhoffer, K., & Swan, W. B. Jr. 2006 Interpersonal chemistry through negativity: Bonding by sharing negative attitudes about others. Personal Relationships, 13, 135-150.

Bossard, J. H. S. 1932 Residential propinquity as a factor in marriage selection. American Journal of Sociology, 38, 219-224.

Burger, J. M., & Burns, L. 1988 The illusion of unique invulnerability and the use of effective contraception. Personality and Social Psychology Bulletin, 14, 264-270.

Bryan, J. H., & Test, M. A. 1967 Models and helping: Naturalistic studies in

内藤誼人（ないとう・よしひと）

心理学者、立正大学客員教授、有限会社アンギルド代表取締役社長。
慶應義塾大学社会学研究科博士課程修了。社会心理学の知見をベースに、ビジネスを中心とした実践的分野への応用に力を注ぐ心理学系アクティビスト。趣味は釣りとガーデニング。
著書に、『世界最先端の研究が教える新事実 心理学 BEST100』『世界最先端の研究が教える すごい心理学』『世界最先端の研究が教える もっとすごい心理学』（以上、総合法令出版）など多数。その数は 200 冊を超える。

視覚障害その他の理由で活字のままでこの本を利用出来ない人のために、営利を目的とする場合を除き「録音図書」「点字図書」「拡大図書」等の製作をすることを認めます。その際は著作権者、または、出版社までご連絡ください。

世界最先端の研究が教える新事実
対人心理学BEST100

2024年 7 月23日　初版発行
2024年 8 月 1 日　２刷発行

著　者　内藤誼人
発行者　野村直克
発行所　総合法令出版株式会社
〒 103-0001 東京都中央区日本橋小伝馬町 15-18
EDGE 小伝馬町ビル 9 階
電話　03-5623-5121
印刷・製本　中央精版印刷株式会社

落丁・乱丁本はお取替えいたします。
©Yoshihito Naitoh 2024 Printed in Japan
ISBN 978-4-86280-954-4
総合法令出版ホームページ　http://www.horei.com/